U0943716

高等院校会计学专业应用型人才培养系列教材

会计学基础课程实验

刘颖婷 主 编
杨广莉 庄婉婷 余婷芳 副主编

清华大学出版社
北京

内 容 简 介

本教材依循《企业会计准则》编写，教材中所使用的各类发票、支付凭证、票据等均依据最新的《企业会计准则》和2019年4月1日起执行的增值税税率设计。本教材的总体目标定位为“掌握会计基本流程和培养基本的会计分析能力和会计思维”，主要内容包括单项实训和综合实训两部分。教材共10章，分别为总论、会计对象、账户与复式记账、账户与复式记账法的运用、会计凭证、会计账簿、财产清查、财务会计报表的编制、账务处理程序、会计基础综合实训。本教材注重理论与实践的有机结合，每章开篇都有本章的学习要点，便于学生理解和自学。本教材可为学生后续学习会计专业课及从事会计工作奠定较为扎实的基础。

本教材适合应用型本科院校会计、财务管理及其他经管类专业的学生学习使用，也可作为会计人员入门学习的参考教材。

图书在版编目(CIP)数据

会计学基础课程实验/刘颖婷主编. —北京：清华大学出版社，2020.1
高等院校会计学专业应用型人才培养系列教材
ISBN 978-7-302-54319-0

Ⅰ.①会… Ⅱ.①刘… Ⅲ.①会计学—实验—高等学校—教材 Ⅳ.①F230-33

中国版本图书馆CIP数据核字(2019)第262858号

责任编辑：左卫霞
封面设计：傅瑞学
责任校对：李 梅
责任印制：丛怀宇

出版发行：清华大学出版社
网 址：http://www.tup.com.cn，http://www.wqbook.com
地 址：北京清华大学学研大厦A座 **邮 编**：100084
社 总 机：010-62770175 **邮 购**：010-62786544
投稿与读者服务：010-62776969，c-service@tup.tsinghua.edu.cn
质量反馈：010-62772015，zhiliang@tup.tsinghua.edu.cn
课件下载：http://www.tup.com.cn，010-83470410
印 装 者：北京鑫海金澳胶印有限公司
经 销：全国新华书店
开 本：185mm×260mm **印 张**：6.75 **字 数**：122千字
版 次：2020年2月第1版 **印 次**：2020年2月第1次印刷
定 价：24.00元

产品编号：084309-01

前　言

本教材依据应用型本科院校会计人才培养目标，为满足不断提升会计教学质量的要求而编写。编者在认真总结同类教材优点与不足的基础上，结合自己多年的教学积累与体会，编写了这本《会计学基础课程实验》教材。

市场上有关"会计学基础实训"的教材很多，有些教材内容较简单，只适用于职业院校学生；有些教材难度较大，也不适合应用型本科院校学生使用。另外，由于新准则的变化，税收法律、法规的变化及税率的调整等，市面上很多教材已不能满足当前的教学需求。有鉴于此，编者在长期一线教学经验的基础上，基于对应用型本科院校学生学习能力的透彻了解，着力于启发、培养学生的会计动手能力、会计分析能力和会计思维能力。本教材依据最新的准则和税法规定，结合"基础会计"课程教学内容，主要介绍企业基本会计业务核算的流程和方法，并适当拓展学生解读简单报表的能力。

本教材主编刘颖婷老师有多年的企业会计工作经验和院校教学经验，通过大量对比研究和实验编写了本教材。本教材具有以下特点。

1. 时效性。本教材依据最新《企业会计准则》和最新税法规定设计经济业务，进行会计处理。经济业务涉及的结算凭证、票据式样和书写方法均依据最新的《财政票据管理办法》和《支付结算办法》。

2. 客观性。本教材依据企业真实业务设计相关案例，案例与实际工作的日常业务核算程序相一致，选择的会计核算工具也与实际工作要求相同。

3. 可操作性。本教材各知识点与"基础会计"课程教学内容保持一致，学习者通过各种仿真原始单据的练习，加强对"基础会计"课程理论知识的理解，通过全过程的会计操作练习，全面了解会计核算的整个流程。

4. 强调会计思维。本教材注重基本业务的会计核算原理和方法，强调用会计思维分析和解决问题。

本教材由刘颖婷担任主编，杨广莉、庄婉婷、余婷芳担任副主编。具体编写分工如下：第1～5章、第10章由刘颖婷编写；第6章、第7章由杨广莉编写；第8章由庄婉婷编写；第9章由余婷芳编写。刘颖婷负责拟订编写大纲并最后统稿。

本教材在编写过程中参阅了不同版本、不同层次的图书，从中受到了启发，并借鉴其优点，在此，向这些作者表示感谢。还要感谢中山大学新华学院、清华大学出版社为本教材的编写、出版工作提供的诸多支持与帮助！

由于编者水平有限，不足之处在所难免，敬请广大读者提出宝贵意见。

编　者

2019 年 11 月

目　录

第1章 总　论

本章要点

通过本章的学习,学生应对会计的概念、基本职能、基本方法、基本前提条件等有初步的认识。学完本章的会计基本理论后,应继续好好学习后面的会计实务。

【会计工作任务】 计算收入与费用

(一) 资讯

新华公司本月发生的与收入和费用相关的业务,如表1-1所示。

(二) 计划

准确判断新华公司各项业务的性质,并用权责发生制和收付实现制分别计算当月的收入合计和费用合计,将结果填入表1-1中。

(三) 决策

如果新华公司采用权责发生制计算本期收入和费用,请做出正确的判断。

如果新华公司采用收付实现制计算本期收入和费用,请做出正确的判断。

(四) 会计工作过程

表1-1　　　　单位:元

经 济 业 务	权责发生制		收付实现制	
	收入	费用	收入	费用
1. 销售商品50 000元,款未收				
2. 销售材料5 000元,存入银行				
3. 购买办公用品800元,用现金支付				
4. 用现金支付当月电话费650元				
5. 用银行存款支付下季度报刊费3 000元				
6. 销售商品80 000元,已收回65 000元,余款暂欠				
7. 销售部王经理报销差旅费1 200元(上月借款1 500元)				
8. 用银行存款支付当月水电费8 500元				
9. 收到A公司上月所欠购货款30 000元,存入银行				

续表

经 济 业 务	权责发生制		收付实现制	
	收入	费用	收入	费用
10. 用银行存款支付当月广告费 5 000 元				
11. 用银行存款支付当年保险费 12 000 元				
12. 销售商品 15 000 元,存入银行				
13. 用银行存款 10 000 元支付上月所欠水电费				
14. 用银行存款支付上季度利息 1 200 元				
15. 销售材料 2 000 元,存入银行				
合 计				

第2章 会计对象

本章要点

第1章的学习为大家学习会计打开一扇窗，第2章的学习为大家学习会计推开一扇门，引导大家跨进会计殿堂，探索其中的奥秘。会计对象、会计要素、平衡公式……大家都理解了吗？

【会计工作任务1】 确认会计对象

（一）资讯

新华公司本月发生一些活动，详见表2-1，有些活动属于会计对象，有些活动不属于会计对象。

（二）计划

根据制造业企业会计的具体对象，判断表2-1中哪些活动属于会计对象，哪些不是，并将判断结果填入表2-1中。

（三）决策

首先，判断表2-1中哪些活动属于会计对象；其次，正确将属于会计对象的金额填入表2-1的金额栏中。

（四）会计工作过程

表2-1 单位：元

活动内容	属于会计对象的金额
1. 销售部经理出差回来报销差旅费5 000元	
2. 销售部经理与客户就第一季度产品销售签订500 000元的意向书	
3. 支付电视台广告费100 000元	
4. 仓库保管员将采购的原材料250 000元验收入库	
5. 董事会研究决定，初步达成向A公司投资8 000 000元的意向	
6. 收到销售款80 000元存入银行	
7. 销售部门收到订单，订单金额100 000元	
8. 采购部门签订一项100 000元的购货合同，财会部门同时支付定金20 000元	

【会计工作任务 2】 确认会计要素并检验会计等式

（一）资讯

新华公司本月发生一些经济业务，详见表 2-2，请正确区分这些经济业务分别属于什么会计要素。

（二）计划

判断表 2-2 中的经济业务属于什么会计要素，并将结果填入表 2-2 中。

（三）决策

首先，判断表 2-2 中的经济业务属于什么会计要素；其次，计算各会计要素的金额，填入表 2-2 的金额栏中；最后，做出结论，经济业务的发生会对会计等式产生什么影响。

（四）会计工作过程

表 2-2 单位：元

业 务 内 容	资产	负债	所有者权益
1. 将现金 5 000 元存入银行			
2. 购买设备一台 80 000 元，用银行存款支付 50 000 元，余款暂欠			
3. 购进原材料 30 000 元，款未付			
4. 接受投资的一台设备，价值 100 000 元			
5. 收回前欠货款 70 000 元，存入银行			
6. 将资本公积 20 000 元转增资本			
7. 转销无法支付的应付账款 48 000 元			
8. 用银行存款 60 000 元偿还前欠货款			
9. 销售产品 90 000 元，存入银行			
10. 开出商业汇票 65 000 元用来偿还前欠货款			
合 计			

【会计工作任务 3】 熟悉会计科目

（一）资讯

新华公司本月发生一些经济业务，详见表 2-3，请判断这些经济业务应分别列入什么会计科目，其性质如何。

（二）计划

判断表 2-3 中的经济业务应列入什么会计科目，属于什么性质，并将结果填入表2-3中。

（三）决策

首先，判断表 2-3 中的经济业务应列入什么会计科目，金额多少，是增加还是减少；其次，按性质填列各科目的金额，填入表 2-3 的金额栏中。

（四）会计工作过程

表 2-3 单位：元

业务内容	会计科目				
	资产	负债	所有者权益	成本	损益
1. 将现金 5 000 元存入银行					
2. 购买设备一台 80 000 元，用银行存款支付 50 000 元，余款暂欠					
3. 购进原材料 30 000 元，款未付					
4. 接受投资的一台设备，价值 10 000 元					
5. 收回前欠货款 70 000 元，存入银行					
6. 将资本公积 20 000 元转增资本					
7. 转销无法支付的应付账款 48 000 元					
8. 用银行存款 60 000 元偿还前欠货款					
9. 销售产品 90 000 元，存入银行					
10. 开出商业汇票 65 000 元，用来偿还前欠货款					
合　计					

第3章　账户与复式记账

本章要点

账户是会计工作必用工具之一，复式记账是会计核算方法之一，希望大家好好完成下面的实训，巩固和加强课堂所学理论知识，为以后的会计学习和会计工作打下坚实的基础。

【会计工作任务1】　熟悉账户

（一）资讯

新华公司202×年1月31日各账户的期末余额如表3-1所示。

表3-1　　单位：元

账　户　名	202×年1月31日余额	
	借　方	贷　方
库存现金	5 300	
银行存款	295 060	
应付职工薪酬		30 000
应收账款	40 000	
坏账准备		5 000
应付账款		50 000
盈余公积		100 000
原材料	15 700	
实收资本		200 000
固定资产	229 600	
累计折旧		19 600
应收票据	69 040	
本年利润		157 000
短期借款		50 000
预付账款	86 600	
在建工程	77 100	
库存商品	280 000	
利润分配		430 000
应交税费		56 800
合　计	1 098 400	1 098 400

（二）计划

判断表 3-1 中的账户性质，将其按资产、负债、所有者权益进行归类，填入表 3-2 中，并分别计算资产、负债、所有者权益的合计金额。

（三）决策

首先，判断各账户属于什么性质；其次，将各类账户名称及其金额填列在表 3-2 中；最后，分别计算资产、负债、所有者权益的合计金额。

（四）会计工作过程

表 3-2 单位：元

资　产	金　额	负债及所有者权益	金　额
资产类：		负债类：	
		负债合计	
		所有者权益类：	
		所有者权益合计	
资产合计		负债及所有者权益合计	

【会计工作任务 2】 熟悉复式记账，编制试算平衡表

（一）资讯

新华公司 202×年 2 月各总账账户期初余额如表 3-3 所示。

表 3-3 单位：元

会计科目	202×年 2 月月初余额	
	借　方	贷　方
库存现金	5 300	
银行存款	295 060	
原材料	15 700	
库存商品	280 000	
应收账款	40 000	
坏账准备		5 000
应收票据	69 040	
预付账款	86 600	
固定资产	229 600	
累计折旧		19 600
在建工程	77 100	
应付账款		50 000
短期借款		50 000
应交税费		56 800
应付职工薪酬		30 000
实收资本		200 000
盈余公积		100 000
本年利润		157 000
利润分配		430 000
合　计	1 098 400	1 098 400

202×年 2 月新华公司发生的部分经济业务如下。

1. 2 月 1 日，从银行提取现金 5 000 元备用。
2. 2 月 7 日，购入材料一批，验收入库，价值 50 000 元，用银行存款支付。
3. 2 月 10 日，用银行存款缴纳上月税金 50 000 元。
4. 2 月 12 日，借入 6 个月期限借款 40 000 元。
5. 2 月 15 日，收回前欠货款 20 000 元，存入银行。
6. 2 月 18 日，开出转账支票支付下季度房租 5 700 元。
7. 2 月 20 日，购入设备一台，价值 85 000 元，用银行存款支付。
8. 2 月 23 日，开出现金支票偿还前欠货款 10 000 元。

9. 2月25日,将盈余公积50 000元转增资本。

10. 2月27日,接受投资的一台设备,价值90 000元。

(二) 计划

根据上述资料计算每个账户的期末余额,并编制试算平衡表。

(三) 决策

首先,根据期初余额并结合当月发生的经济业务计算各账户的期末余额;其次,编制试算平衡表,将相关数据填列在表3-4中;最后,观察期初余额、本期发生额、期末余额合计数分别有什么特点。

(四) 会计工作过程

表 3-4

试算平衡表

单位:元

会计科目	期初余额		本期发生额		期末余额	
	借方	贷方	借方	贷方	借方	贷方
库存现金						
银行存款						
原材料						
库存商品						
应收账款						
坏账准备						
应收票据						
预付账款						
固定资产						
累计折旧						
在建工程						
应付账款						
短期借款						
应交税费						
应付职工薪酬						
实收资本						
盈余公积						
本年利润						
利润分配						
合 计						

第4章　账户与复式记账法的运用

本章要点

学习了复式记账，了解和掌握了生产企业经营过程的各项经济业务的会计处理，大家应该已经对账户、复式记账有了更深刻的认识。面对纷繁复杂的经济业务，如果能准确判断业务的性质，正确进行账务处理，正确计算成本、所得税费用和利润，就可以胜任小规模企业的会计工作了。

【会计工作任务1】　筹集资金过程的账户设置及运用

（一）资讯

新华公司202×年3月有关筹集资金业务的业务提示如下。*

1. 3月4日，收到广州市恒辉有限公司投资款300 000元，存入银行；另收到投资的设备一台，评估价值1 000 000元，交给车间使用。

2. 3月6日，从广州市建设银行取得为期6个月的临时借款200 000元，贷款利率5.5%，已经存入银行。

3. 3月15日，新华公司用银行存款归还短期借款300 000元，并支付已计提的利息5 500元。

4. 3月28日，从广州市建设银行取得借款8 000 000元，用于生产车间的继续扩建，期限5年，利率6.4%，已存入银行。

已知新华公司202×年3月初部分账户的期初余额如表4-1所示。

表4-1　　　　单位：元

账户名称	期初余额
银行存款	250 000（借方）
固定资产	360 000（借方）
短期借款	258 000（贷方）
实收资本	400 000（贷方）

（二）计划

1. 本公司开设资金筹集相关账户，用来核算企业筹集资金过程的经济业务。

---

* 实际工作中，企业发生的业务是用原始凭证记载的，本教材为了节约篇幅省略了原始凭证，将各种原始凭证所记载的业务凝练成“业务提示”。

2. 根据相关的经济业务编制会计分录，要求借方和贷方的总账科目和明细科目正确、规范，金额正确。

3. 根据期初余额和本期发生额登记"银行存款""固定资产""短期借款""实收资本"T 字账，并计算出各账户的本期发生额和期末余额。

（三）决策

首先，根据经济业务编制相关的会计分录，并填写在表 4-2 中；其次，根据期初余额和本期发生额登记相关账户的 T 字账（见图 4-1），并计算出各账户的本期发生额和期末余额。

（四）会计工作过程

实际工作中，分录是在记账凭证上完成的。为提高学习效率，本工作任务通过编制会计分录完成。

表 4-2

经济业务	会计分录
1.	
2.	
3.	
4.	

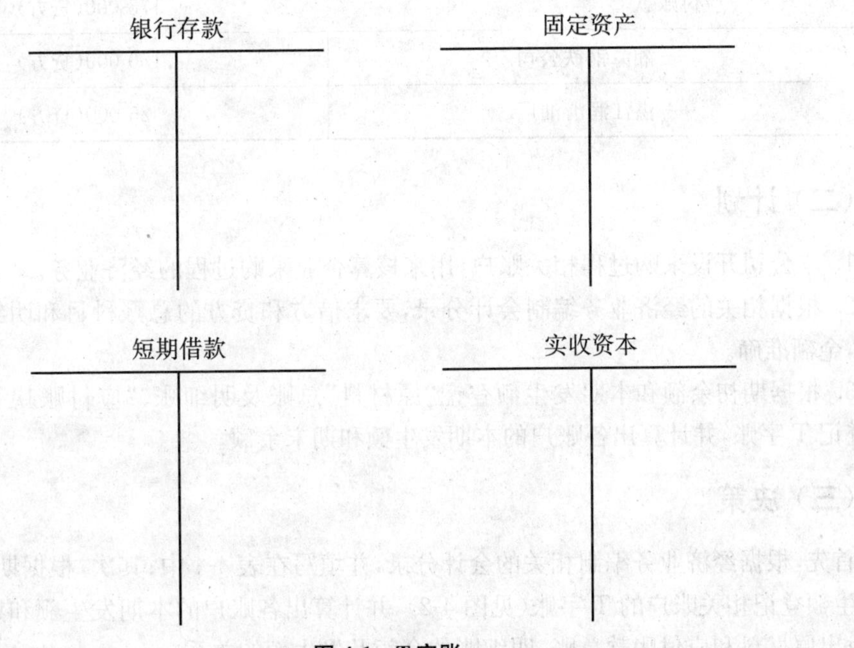

图 4-1　T 字账

【会计工作任务 2】 采购过程的账户设置及运用

（一）资讯

新华公司 202×年 3 月有关采购过程的业务提示如下。

1. 3 月 7 日，新华公司从佛山钢铁有限公司购买钢管 1 吨，单价 11 000 元/吨，增值税税率 13%，价税合计 12 430 元。价税合计已经通过银行电汇给佛山钢铁有限公司，原材料已经验收入库。

2. 3 月 8 日，新华公司从湘潭钢铁公司购买钢管 10 吨，单价 12 000 元/吨；钢板 5 吨，单价 6 000 元/吨，增值税税率 13%，款未付，原材料尚在途中。另外支付运费，取得增值税专用发票，发票注明运费金额 4 500 元，增值税 405 元，开出转账支票支付。（运费按重量分配）

3. 3 月 11 日，新华公司开出转账支票 25 000 元，支付前欠湛江润滑油厂货款。

4. 3 月 15 日，将 3 月 8 日从湘潭钢铁公司购买的材料验收入库。

5. 3 月 21 日，应付山东新抚钢厂银行承兑汇票到期，支付 100 000 元。

已知新华公司 202×年 3 月初部分账户的期初余额如表 4-3 所示。

表 4-3

单位：元

账户名称	期初余额
原材料	420 000（借方）
——钢管	300 000（借方）
——钢板	120 000（借方）
应付账款	175 000（贷方）
——湘潭钢铁公司	150 000（贷方）
——湛江润滑油厂	25 000（贷方）

（二）计划

1. 本公司开设采购过程相关账户，用来核算企业采购过程的经济业务。

2. 根据相关的经济业务编制会计分录，要求借方和贷方的总账科目和明细科目正确、规范，金额准确。

3. 根据期初余额和本期发生额登记“原材料”总账及明细账、“应付账款”总账及明细账，登记 T 字账，并计算出各账户的本期发生额和期末余额。

（三）决策

首先，根据经济业务编制相关的会计分录，并填写在表 4-4 中；其次，根据期初余额和本期发生额登记相关账户的 T 字账（见图 4-2），并计算出各账户的本期发生额和期末余额；最后，找出原材料和应付账款总账、明细账的余额及发生额的关系。

（四）会计工作过程

实际工作中，分录是在记账凭证上完成的，为提高学习效率，本工作任务通过编制会计分录完成。

表 4-4

经济业务	会计分录
1.	
2.	
3.	
4.	
5.	

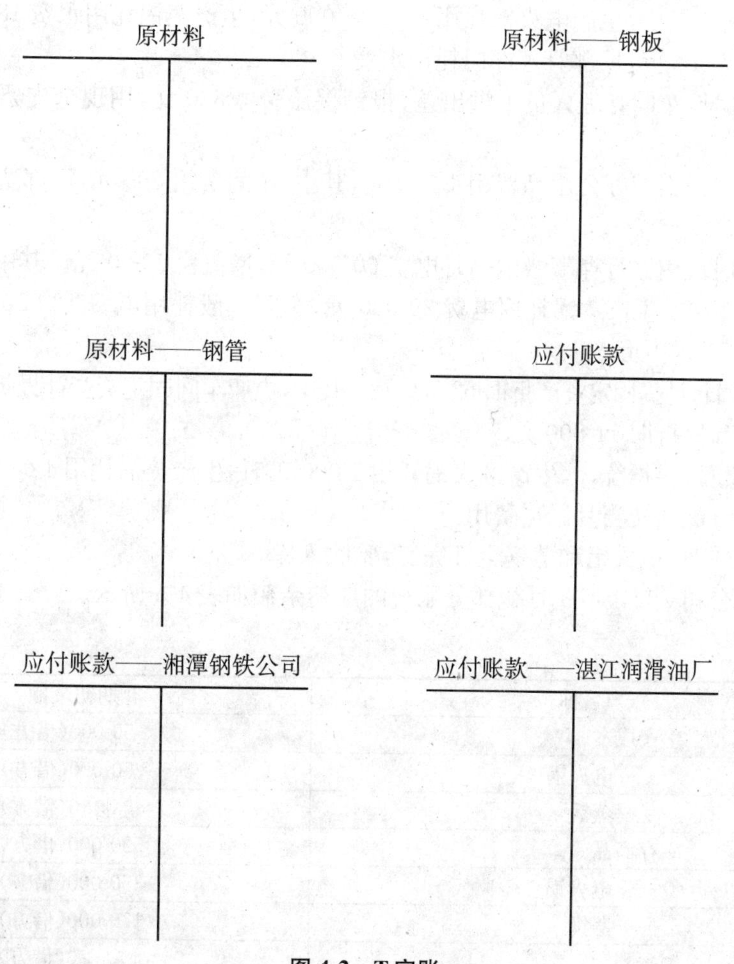

图 4-2　T 字账

【会计工作任务3】 生产过程及产品成本计算过程的账户设置及运用

（一）资讯

新华公司202×年3月有关生产及产品成本计算过程的业务提示如下。

1. 3月3日，新华公司生产电火锅领用材料140 000元，生产蒸锅领用材料180 000元，车间一般耗用材料5 000元，管理部门耗用材料1 000元。

2. 3月26日，新华公司分配工资150 000元，其中生产电火锅工人工资40 000元，生产蒸锅工人工资50 000元，车间管理人员工资20 000元，管理部门人员工资30 000元，专设销售部门人员工资10 000元。

3. 3月27日，新华公司分配职工福利费用15 000元，其中生产电火锅工人福利费4 000元，生产蒸锅工人福利费5 000元，车间管理人员福利费2 000元，管理部门人员福利费3 000元，专设销售部门人员福利费1 000元。

4. 3月27日，用银行存款缴纳当月水费，取得增值税专用发票，发票注明：水费51 000元，增值税4 590元。其中，生产电火锅耗用水费16 000元，生产蒸锅耗用水费18 000元，车间一般耗用水费7 680元，厂部管理部门耗用水费9 320元。

5. 3月28日，车间管理人员王洪出差，报销差旅费5 320元，用现金支票支付。（之前无借款）

6. 3月28日，报销办公用品费用1 000元，其中，车间费用300元，厂部费用700元，用现金支付。

7. 3月28日，用银行存款缴纳当月电费60 000元，增值税7 800元。其中，生产电火锅耗用电费18 000元，生产蒸锅耗用电费20 000元，车间一般耗用电费12 000元，厂部管理部门耗用电费10 000元。

8. 3月31日，计提固定资产折旧52 500元。其中，生产车间固定资产计提折旧40 700元，厂部固定资产计提折旧11 800元。

9. 3月31日，根据统计，生产电火锅耗用1 000工时，生产蒸锅耗用4 000工时，按生产两种产品工时分配结转当月制造费用。

10. 3月31日，电火锅和蒸锅全部完工，验收入库。

已知新华公司202×年3月初部分账户的期初余额如表4-5所示。

表4-5　　单位：元

账户名称	期初余额
生产成本	50 000（借方）
——电火锅	50 000（借方）
——蒸锅	0（借方）
库存商品	520 000（借方）
——电火锅	350 000（借方）
——蒸锅	170 000（借方）
制造费用	0（借方）

（二）计划

1. 本公司开设生产及产品成本计算过程相关账户，用来核算企业生产及产品成本计算过程的经济业务。

2. 根据相关的经济业务编制会计分录，要求借方和贷方的总账科目和明细科目正确、规范，金额准确。

3. 根据期初余额和本期发生额登记“生产成本”总账及明细账、“库存商品”总账及明细账，登记T字账，登记“制造费用”总账，并计算出各账户的本期发生额和期末余额。

（三）决策

首先，根据经济业务编制相关的会计分录，填写在表4-6中；其次，根据期初余额和本期发生额登记相关账户的T字账（见图4-3），并计算出各账户的本期发生额和期末余额；最后，找出“生产成本”和“库存商品”总账、明细账的余额及发生额的关系。

（四）会计工作过程

实际工作中，分录是在记账凭证上完成的，为提高学习效率，本工作任务通过编制会计分录完成。

表4-6

经济业务	会计分录
1.	
2.	
3.	
4.	
5.	
6.	
7.	
8.	
9.	
10.	

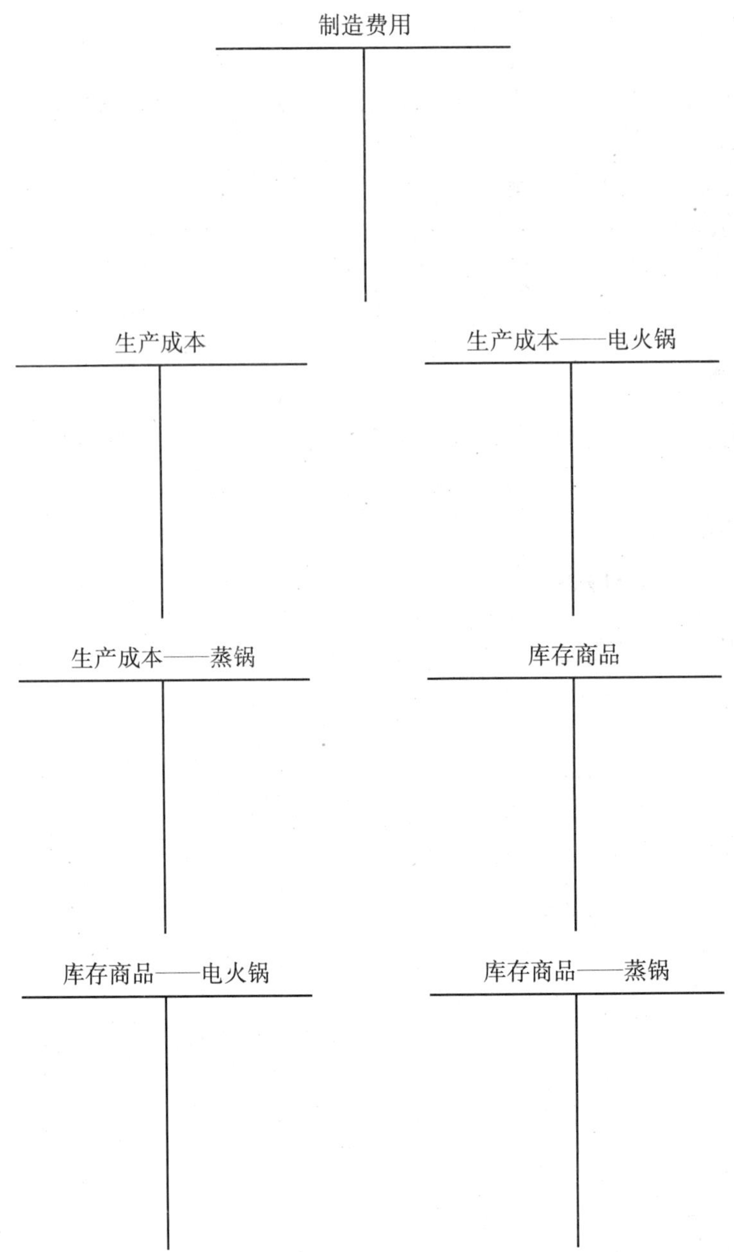

图 4-3　T 字账

【会计工作任务 4】　销售过程的账户设置及运用

（一）资讯

新华公司 202×年 3 月有关销售过程的业务提示如下。

1. 3 月 8 日，新华公司向广州百货销售电火锅 1 200 个，单价 120 元，蒸锅 1 000 个，单价 100 元。增值税税率 13%，款项未收。

2. 3月13日，新华公司向苏宁易购销售电火锅1 600个，单价120元，蒸锅500个，单价100元。增值税税率13%，收到转账支票一张，填写进账单，存入银行。

3. 3月13日，新华公司用银行存款支付由本企业承担的、销售给苏宁易购产品的运输费用3 000元，增值税270元。

4. 3月28日，新华公司收到广州百货3月8日的货款，存入银行。

5. 3月31日，结转本月销售的电火锅和蒸锅的销售成本。（电火锅单位成本65元，蒸锅单位成本53元）

（二）计划

1. 本公司开设销售过程相关账户，用来核算企业销售过程的经济业务。

2. 根据相关的经济业务编制会计分录，要求借方和贷方的总账科目和明细科目正确、规范，金额准确。

3. 根据已知条件登记“主营业务收入”“主营业务成本”T字账，并计算出各账户的本期发生额合计。

（三）决策

首先，根据经济业务编制相关的会计分录，并填写在表4-7中；其次，根据已知条件登记相关账户的T字账（见图4-4），并计算出各账户的本期发生额合计数。

（四）会计工作过程

实际工作中，分录是在记账凭证上完成的，为提高学习效率，本工作任务通过编制会计分录完成。

表4-7

经济业务	会计分录
1.	
2.	
3.	
4.	
5.	

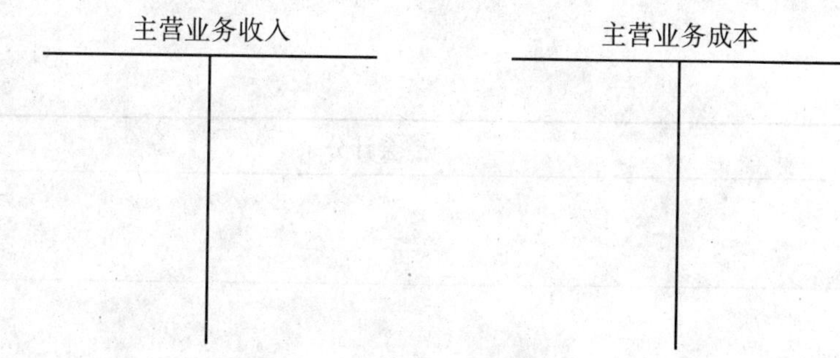

图4-4 T字账

【会计工作任务 5】 期间费用、利得与损失核算的账户设置和运用

（一）资讯

新华公司 202×年 3 月有关费用、损失业务提示如下。

1. 3 月 3 日，公司办公室主管张兰报销差旅费 5 000 元，开出现金支票支付。（之前无借款）

2. 3 月 12 日，总经理王波去北京出差预借差旅费 10 000 元，开出现金支票支付。

3. 3 月 15 日，王波从北京出差回来，报销差旅费 12 000 元，余款用现金支付。

4. 3 月 15 日，收到湛江润滑油厂合同违约赔偿款 5 000 元，存入银行。

5. 3 月 17 日，计提本月短期借款利息 3 100 元。

6. 3 月 20 日，支付销售部门固定资产修理费用 5 300 元，开出转账支票支付。

7. 3 月 21 日，购买办公用品 2 000 元，其中，厂部 1 200 元，销售部门 800 元，用现金支票支付。

8. 3 月 28 日，支付环保罚款 12 000 元，用银行存款支付。

（二）计划

1. 本公司开设费用、损失相关账户，用来核算费用、损失的经济业务。

2. 根据相关的经济业务编制会计分录，要求借方和贷方的总账科目和明细科目正确、规范，金额准确。

3. 根据会计工作任务 1～会计工作任务 5 的相关业务，登记“管理费用”“财务费用”“销售费用”“营业外收入”“营业外支出”T 字账，并计算出各账户的本期发生额。

（三）决策

首先，根据经济业务编制相关的会计分录，并填写在表 4-8 中；其次，根据已知条件登记相关账户的 T 字账（见图 4-5），并计算出各账户的本期发生额合计数。

（四）会计工作过程

实际工作中，分录是在记账凭证上完成的，为提高学习效率，本工作任务通过编制会计分录完成。

表 4-8

经济业务	会计分录
1.	
2.	

续表

经济业务	会计分录
3.	
4.	
5.	
6.	
7.	
8.	

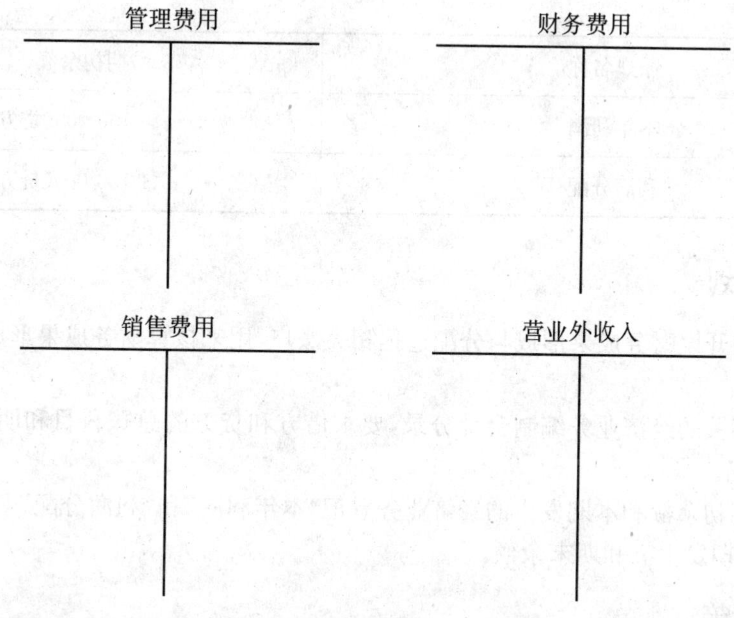

图 4-5　T 字账

【会计工作任务 6】 财务成果形成与分配过程的账户设置及运用

（一）资讯

新华公司 202×年 3 月有关财务成果形成与分配过程业务提示如下。

1. 3 月 31 日，根据会计工作任务 1～会计工作任务 5 的相关经济业务，结转收入类账户。

2. 3 月 31 日，根据会计工作任务 1～会计工作任务 5 的相关经济业务，结转费用类账户。

3. 3 月 31 日，按本月利润总额的 25%计算本月所得税。

4. 3 月 31 日，结转本月所得税。

5. 3 月 31 日，新华公司决定按本月净利润的 10%和 5%分别计提法定盈余公积和任意盈余公积。

已知新华公司 202×年 3 月初部分账户的期初余额如表 4-9 所示。

表 4-9

单位：元

账户名称	期初余额
本年利润	150 000(贷方)
利润分配	1 750 000(贷方)

（二）计划

1. 本公司开设财务成果形成与分配过程相关账户，用来核算财务成果形成与分配过程的经济业务。

2. 根据相关的经济业务编制会计分录，要求借方和贷方的总账科目和明细科目正确、规范，金额正确。

3. 根据期初余额和本期发生的经济业务登记“本年利润”和“利润分配”T 字账，并计算出各账户的本期发生额和期末余额。

（三）决策

首先，根据经济业务编制相关的会计分录，并填写在表 4-10 中；其次，根据期初余额和本期发生额登记相关账户的 T 字账（见图 4-6），并计算出各账户的本期发生额和期末余额；最后，能正确区分“本年利润”和“利润分配”两个账户。

（四）会计工作过程

实际工作中，分录是在记账凭证上完成的，为提高学习效率，本工作任务通过编制会计分录完成。

表 4-10

经济业务	会计分录
1.	
2.	
3.	
4.	
5.	

本年利润　　　　利润分配

图 4-6　T 字账

第5章 会计凭证

本章要点

会计凭证包括原始凭证和记账凭证。填制和审核会计凭证是会计核算的基础。根据审核无误的原始凭证编制记账凭证是会计工作的第一步，以后无论是登记账簿，还是编制报表，所需资料皆来自会计凭证。不会填制、审核会计凭证就无法从事会计工作。因此，能否正确地填制和审核会计凭证事关重大，大家一起加油吧！

【会计工作任务1】 数字训练

（一）小写数字训练

练习书写123 456 789.99元，填入表5-1中。

表5-1

书写要领	亿	千	百	十	万	千	百	十	元	角	分	亿	千	百	十	万	千	百	十	元	角	分
1. 贴底线																						
2. 占行高的1/3																						
3. 倾斜60°左右																						
4. 数字7、9底部可以出底线1/3																						
5. 数字6、8、9、0封口要严																						
6. 数字6的上部略高																						
7. 用蓝黑色或黑色记账笔书写（特殊情况例外）																						

（二）大写数字训练

大写数字练习，填入表5-2中。

表5-2

壹												
贰												
叁												
肆												
伍												

续表

陆												
柒												
捌												
玖												
零												
拾												
佰												
仟												
万												
亿												
整												
圆												
元												

（三）出票日期书写方法训练

1. 2023 年 1 月 1 日 ____________________

2. 2024 年 6 月 11 日 ____________________

3. 2025 年 9 月 20 日 ____________________

4. 2020 年 10 月 29 日 ____________________

（四）大写金额改为小写金额训练

大写金额改为小写金额练习，填入表 5-3 中。

表 5-3

大 写 金 额	小 写 金 额
人民币叁佰贰拾陆万柒仟零伍拾元整	
人民币捌拾伍万柒仟叁佰伍拾柒元贰角叁分	
人民币贰佰贰拾万柒仟零叁拾陆元整	

续表

大写金额	小写金额
人民币肆佰柒拾陆万柒仟零伍元整	
人民币陆仟肆佰贰拾伍万捌仟零壹拾元整	

（五）小写金额改为大写金额训练

小写金额改为大写金额练习，填入表 5-4 中。

表 5-4

小写金额	大写金额
¥345 678.78	
¥28 456.23	
¥100 987.45	
¥3 400 987.00	
¥2 140 308.70	

【会计工作任务 2】 填制原始凭证

（一）资讯

新华公司主要生产电火锅和蒸锅，公司地址：广东省东莞市麻涌镇振华路 18 号，电话：0769-88824018，纳税人识别号：91442418000000990A，开户行：中国建设银行麻涌支行，账号：88802220000897。总经理(法人)：刘明；副总经理：吴于；财务部经理：张芳芳，主持财务工作；财务部经理助理：王婷，负责制单、装订和编制报表；出纳：何小凤；记账：范玲；稽核：刘君。

（二）计划

掌握常用的原始凭证的填制。实训室准备支票、增值税专用发票、进账单、收款收据、现金交款单，让学生认识和填写。

（三）决策

按要求正确填写原始凭证。

（四）会计工作过程

1. 202×年 5 月 10 日，提取现金 10 000 元备用，出纳填制现金支票(密码 999009)，见表 5-5。

表 5-5

中国建设银行 现金支票存根 10500010 26914301	中国建设银行　现金支票　　10500010 26914301
附加信息	出票日期(大写)　　年　月　日　　付款行名称：建设银行麻涌支行
	收款人：　　出票人账号：8880222000897
	人民币(大写)　　亿 千 百 十 万 千 百 十 元 角 分
出票日期：　　年　月　日	用途＿＿＿＿　　密码＿＿＿＿
收款人：	上列款项请从　　行号 105440538889
金额：	我账户内支付
用途：	付款期限自出票之日起十天
单位主管　　　会计	出票人签章　[新华公司 财务专用章]　[刘明之印]　　复核　　记账

2. 202×年 5 月 13 日，向广州百货(纳税人识别号：91440416000054321K，地址：广州市越秀区西湖路 25 号，电话：020-83323880，开户银行：中国建设银行越秀支行，账号：88988920030010)销售电火锅 1 000 个，单价 120 元，蒸锅 500 个，单价 100 元，增值税税率 13%，出纳开具增值税专用发票，发票联和抵扣联交给买方，收到买方转账支票一张，出纳填写进账单一式三联，交给银行，银行将第三联通知盖章后返回，留作记账原始凭证，见表 5-6～表 5-8。

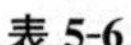
表 5-6

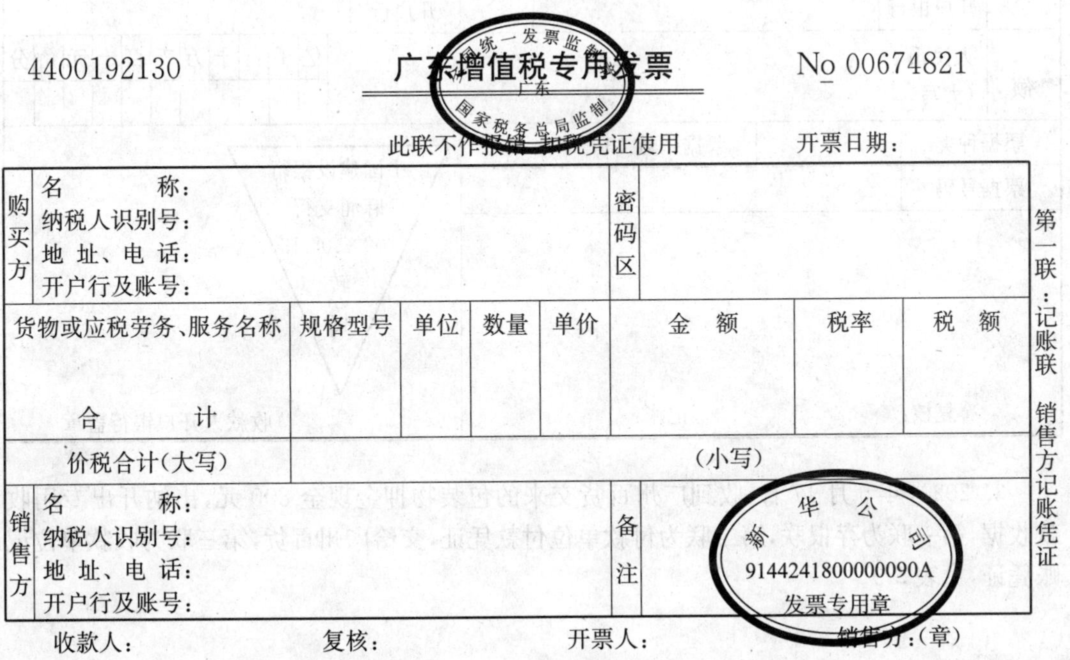

4400192130　　**广东增值税专用发票**　　No 00674821

此联不作报销、扣税凭证使用　　开票日期：

购买方	名　　称： 纳税人识别号： 地 址、电 话： 开户行及账号：	密码区					
货物或应税劳务、服务名称	规格型号	单位	数量	单价	金　额	税率	税　额
合　　计							
价税合计(大写)				(小写)			
销售方	名　　称： 纳税人识别号： 地 址、电 话： 开户行及账号：	备注	新华公司 9144241800000090A 发票专用章				

收款人：　　复核：　　开票人：　　销售方：(章)

第一联：记账联　销售方记账凭证

表 5-7

<table>
<tr><td colspan="4">中国建设银行　转账支票　　10500020 26914302</td></tr>
<tr><td colspan="2">出票日期(大写)　年　月　日</td><td colspan="2">付款行名称：</td></tr>
<tr><td colspan="2">收款人：</td><td colspan="2">出票人账号：</td></tr>
<tr><td colspan="2">人民币
(大写)</td><td colspan="2">亿 千 百 十 万 千 百 十 元 角 分</td></tr>
<tr><td colspan="2">用途________
上列款项请从
我账户内支付</td><td colspan="2">密码：________
行号：105440538889</td></tr>
<tr><td colspan="2">出票人签章　[印章：广州百货 ★ 财务专用章]　[印章：王之印信]</td><td>复核</td><td>记账</td></tr>
</table>

表 5-8

中国建设银行进账单(收款通知)

年　月　日　　No 88144

<table>
<tr><td rowspan="3">收款人</td><td>全称</td><td></td><td rowspan="3">付款人</td><td>全称</td><td></td></tr>
<tr><td>账号</td><td></td><td>账号</td><td></td></tr>
<tr><td>开户银行</td><td></td><td>开户行</td><td></td></tr>
<tr><td>金额</td><td colspan="3">人民币
(大写)</td><td colspan="2">亿 千 百 十 万 千 百 十 元 角 分</td></tr>
<tr><td>票据种类</td><td></td><td>票据张数</td><td></td><td colspan="2" rowspan="3">[印章：中国建设银行 麻涌支行 202×.05.13 转 讫]
收款人开户银行盖章</td></tr>
<tr><td>票据号码</td><td colspan="3"></td></tr>
<tr><td colspan="2">复核：</td><td colspan="2">记账：</td></tr>
</table>

3. 202×年 5 月 17 日，收到广州百货交来的包装物押金现金 800 元，出纳开出专用收款收据，第一联为存根联，第二联为付款单位付款凭证，交给广州百货，第三联为收款单位记账凭证，见表 5-9。

表 5-9

收款收据

年　月　日

今收到：________________________

人民币(大写)：______________　¥______________

事由：________________________

新华公司 ★ 财务专用章　　　　现金收讫

第三联：记账联

单位：(章)　　　　财务负责人：　　　　收款人：

4. 202×年5月19日，向个人王洁销售电火锅5个，单价120元，增值税税率13%，收到现金，出纳开具增值税普通发票，并将现金存入银行。填制现金缴款单，第一联为银行记账，第二联为客户回单，银行盖章后返回出纳，企业留作记账原始凭证，见表5-10和表5-11。

表 5-10

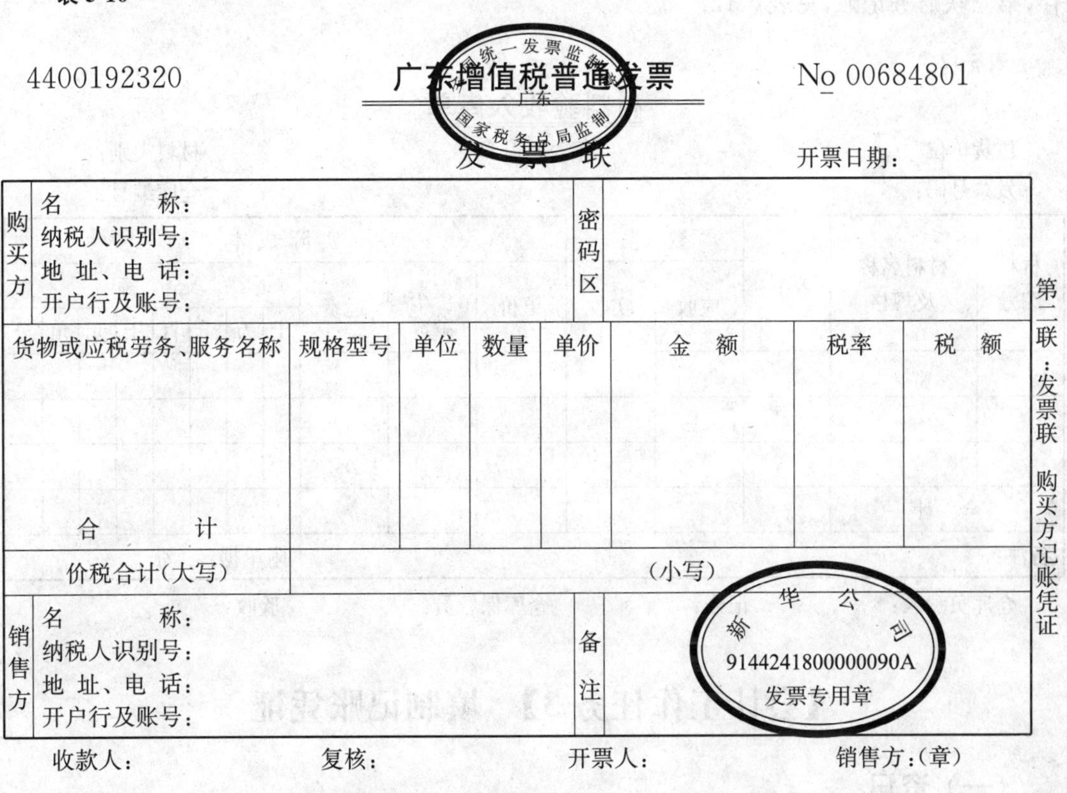

4400192320　　**广东增值税普通发票**　　No 00684801

全国统一发票监制章 广东 国家税务总局监制

发　票　联　　　　开票日期：

购买方	名　　称： 纳税人识别号： 地 址、电 话： 开户行及账号：				密码区			
货物或应税劳务、服务名称	规格型号	单位	数量	单价	金　额		税率	税　额
合　　计								
价税合计(大写)					(小写)			
销售方	名　　称： 纳税人识别号： 地 址、电 话： 开户行及账号：				备注	新华公司 914424180000090A 发票专用章		

第二联：发票联　购买方记账凭证

收款人：　　　复核：　　　开票人：　　　销售方：(章)

表 5-11

中国建设银行 现 金 缴 款 单

年　月　日　　　　　　　　流水号:0123678

缴款单位		
账号		
交款人		
款项来源		
大写金额	(币种)人民币	¥
银行确认栏 复核 出纳		中国建设银行 麻涌支行 202×.05.19 (银行盖章)

第二联：回单联

5. 202×年 5 月 21 日,上月向湘潭钢铁公司购入的原材料验收入库,发票号码:10000089,仓库编号:05 号。其中钢管 10 吨,每吨进价 12 000 元,分配的采购费用 1 000 元;钢板5 吨,每吨进价 6 000 元,分配的采购费用 500 元。第一联仓库记账,第二联供应部门留存,第三联财务记账,见表 5-12。

表 5-12

材料验收入库单

供货单位:　　　　　　　　年　月　日　　　　　　　　材料类别:

发票号码:　　　　　　　　　　　　　　　　　　　　　仓库编号:

材料编号	材料名称及规格	单位	数　量		实 际 成 本										
			应收	实收	单价	发票金额	运费	金　额							
								十	万	千	百	十	元	角	分
合　计															
备注:								附单据　　张							

仓库负责人:　　　　记账:　　　　仓库保管员:　　　　验收:

【会计工作任务 3】 填制记账凭证

(一) 资讯

同会计工作任务 2 资讯。

（二）计划

掌握专用记账凭证和通用记账凭证的填制。

（三）决策

根据下面工作要求，判断所用的记账凭证类型，并按要求填写记账凭证。

（四）会计工作过程

1. 202×年5月9日，新华公司提取现金10 000元备用。

2. 202×年5月13日，向广州百货销售电火锅1 000个，单价120元，蒸锅500个，单价100元，增值税税率13%，款项未收。

3. 202×年5月17日，收到广州百货交来的包装物押金现金800元，出纳开出专用收款收据。

4. 202×年5月19日，向个人王洁销售电火锅5个，单价120元，增值税税率13%，收到现金，出纳开具增值税普通发票，并将现金存入银行。

5. 202×年5月21日，上月向湘潭钢铁公司购入的原材料验收入库，其中钢管10吨，每吨进价12 000元，分配的采购费用1 000元；钢板5吨，每吨进价6 000元，分配的采购费用500元。

6. 202×年5月27日，向湘潭钢铁公司购入材料，增值税专用发票注明：钢管100 000元，钢板60 000元，增值税税额20 800元，开出转账支票支付，材料尚未验收入库。

要求一：根据上面经济业务填写表5-13～表5-18专用记账凭证。

表5-13

收 款 凭 证

年　月　日　　　　凭证字号：

借方科目

摘　要	贷方科目		金　额											记账符号
	总账科目	明细科目	亿	千	百	十	万	千	百	十	元	角	分	
附单据　　张	合　计													

会计主管：　　记账：　　审核：　　出纳：　　制单：

表 5-14

收款凭证

年　月　日　　　　　　凭证字号：

借方科目

摘　要	贷方科目		金　额											记账符号
	总账科目	明细科目	亿	千	百	十	万	千	百	十	元	角	分	
附单据　　张	合　计													

会计主管：　　　记账：　　　审核：　　　出纳：　　　制单：

表 5-15

付款凭证

年　月　日　　　　　　凭证字号：

贷方科目

摘　要	借方科目		金　额											记账符号
	总账科目	明细科目	亿	千	百	十	万	千	百	十	元	角	分	
附单据　　张	合　计													

会计主管：　　　记账：　　　审核：　　　出纳：　　　制单：

表 5-16

付款凭证

年　月　日　　　　　　凭证字号：

贷方科目

摘　要	借方科目		金　额											记账符号
	总账科目	明细科目	亿	千	百	十	万	千	百	十	元	角	分	
附单据　　张	合　计													

会计主管：　　　　记账：　　　　审核：　　　　出纳：　　　　制单：

表 5-17

转账凭证

年　月　日　　　　　　凭证字号：

摘　要	科目名称	记账符号	借方金额										贷方金额									
			千	百	十	万	千	百	十	元	角	分	千	百	十	万	千	百	十	元	角	分
附单据　　张	合　计																					

会计主管：　　　　记账：　　　　审核：　　　　出纳：　　　　制单：

表 5-18

转 账 凭 证

年　月　日　　　　　　　　凭证字号：

摘　要	科目名称	记账符号	借方金额										贷方金额									
			千	百	十	万	千	百	十	元	角	分	千	百	十	万	千	百	十	元	角	分
附单据　张	合　计																					

会计主管：　　　　记账：　　　　审核：　　　　出纳：　　　　制单：

要求二：根据以上经济业务填写表 5-19～表 5-24 通用记账凭证。

表 5-19

记 账 凭 证

年　月　日　　　　　　　　凭证字号：

摘　要	科目名称	记账符号	借方金额										贷方金额									
			千	百	十	万	千	百	十	元	角	分	千	百	十	万	千	百	十	元	角	分
附单据　张	合　计																					

会计主管：　　　　记账：　　　　审核：　　　　出纳：　　　　制单：

表 5-20

记 账 凭 证

年　月　日　　　　　　　　凭证字号：

摘　要	科目名称	记账符号	借方金额										贷方金额									
			千	百	十	万	千	百	十	元	角	分	千	百	十	万	千	百	十	元	角	分
附单据　张	合　计																					

会计主管：　　记账：　　审核：　　出纳：　　制单：

表 5-21

记 账 凭 证

年　月　日　　　　　　　　凭证字号：

摘　要	科目名称	记账符号	借方金额										贷方金额									
			千	百	十	万	千	百	十	元	角	分	千	百	十	万	千	百	十	元	角	分
附单据　张	合　计																					

会计主管：　　记账：　　审核：　　出纳：　　制单：

表 5-22

记账凭证

年　月　日　　　　　　　　凭证字号：

摘　要	科目名称	记账符号	借方金额										贷方金额									
			千	百	十	万	千	百	十	元	角	分	千	百	十	万	千	百	十	元	角	分
附单据　张	合　计																					

会计主管：　　　记账：　　　审核：　　　出纳：　　　制单：

表 5-23

记账凭证

年　月　日　　　　　　　　凭证字号：

摘　要	科目名称	记账符号	借方金额										贷方金额									
			千	百	十	万	千	百	十	元	角	分	千	百	十	万	千	百	十	元	角	分
附单据　张	合　计																					

会计主管：　　　记账：　　　审核：　　　出纳：　　　制单：

表 5-24

记账凭证

年　月　日　　　　　　　　　　凭证字号：

摘　要	科目名称	记账符号	借方金额										贷方金额									
			千	百	十	万	千	百	十	元	角	分	千	百	十	万	千	百	十	元	角	分
附单据　张	合　计																					

会计主管：　　　记账：　　　审核：　　　出纳：　　　制单：

第6章　会计账簿

本章要点

大家已经学会了原始凭证和记账凭证的识别和填制，如何把原始凭证和记账凭证中纷繁复杂的业务进行系统的归类、连续的记录，是本章实训的重点。希望大家能认真细致地进行日记账、明细账、总分类账的登记。

【会计工作任务1】　日记账的登记

（一）资讯

202×年1月1日，新华公司库存现金和银行存款总账借方余额分别为5 000元和1 230 000元。

（二）计划

1. 开设202×年现金日记账和银行存款日记账，并登记期初余额。
2. 根据业务提示编制记账凭证。
3. 根据记账凭证登记现金日记账和银行存款日记账。
4. 月末结账。

（三）决策

1. 登记日记账。要逐日逐笔登记，月末对账后结出余额。
2. 月末结账。要注意划线的方法。

（四）会计工作过程

第一种工作情境——填制并审核记账凭证

根据下面业务提示编制记账凭证。实际工作中，会计分录是在记账凭证上完成的，为提高学习效率，本工作任务通过编制会计分录完成，并填入表6-1中。

1. 202×年1月3日，人力资源部刘飞预借差旅费3 000元，财务部用现金支付。
2. 202×年1月5日，出纳员何小凤从银行提取现金2 000元备用。
3. 202×年1月10日，新华公司发生广告费10 000元，用银行存款支付。
4. 202×年1月13日，刘飞出差回来报销差旅费2 800元，出纳员何小凤收到剩余现金200元。
5. 202×年1月20日，管理部门购买茶叶800元，用于业务招待，用现金支付。
6. 202×年1月22日，向福利院捐款30 000元，用转账支票支付。

7. 202×年1月25日，新华公司用转账支票支付前欠大华公司货款11 300元。

8. 202×年1月28日，新华公司持有的安庆大发公司开出的银行承兑汇票到期，收到款项33 900元。

表 6-1

经济业务	凭证字号	会计分录
1.		
2.		
3.		
4.		
5.		
6.		
7.		
8.		

第二种工作情境——登记日记账

根据审核无误的记账凭证登记库存现金日记账和银行存款日记账，见表6-2和表6-3。

表 6-2

库存现金日记账

202×年		凭证字号	摘要	对方科目	借方								贷方								借或贷	余额							
月	日				十	万	千	百	十	元	角	分	十	万	千	百	十	元	角	分		十	万	千	百	十	元	角	分
1	1																												

表 6-3

银行存款日记账

202×年		凭证字号	摘要	对方科目（略）	借方								贷方								借或贷	余额							
月	日				十	万	千	百	十	元	角	分	十	万	千	百	十	元	角	分		十	万	千	百	十	元	角	分
1	1																												

【会计工作任务 2】 原材料总账和明细账的登记

（一）资讯

202×年 2 月 1 日，新华公司原材料总账借方余额 50 040.00 元，其所属明细账户期初余额资料如下：1＃板材 300 张，单价 150 元，合计 45 000 元；2＃板材 50 张，单价 100.8 元，合计 5 040 元。

（二）计划

1. 开设 202×年 2 月原材料总账和明细账，并将 202×年 2 月初原材料总账及其所属明细账余额结转到新账簿。
2. 根据业务提示编制记账凭证。
3. 根据记账凭证采用平行登记法登记原材料总账及所属明细账。
4. 月末结账。

（三）决策

1. 原材料明细账采用数量金额式，结转余额时，要求数量也结转到新账簿。
2. 根据业务提示编制记账凭证。为提高学习效率，本工作任务通过编制会计分录完成。
3. 登记原材料所属明细账。要逐日逐笔登记，登记后立即结出余额。
4. 登记原材料总账。要逐日逐笔登记，月末对账后结出余额。
5. 月末结账。要注意划线的方法。

（四）会计工作过程

第一种工作情境——审核记账凭证

根据业务提示编制记账凭证。为提高学习效率，本工作任务通过编制会计分录完成，并填入表6-4中。

1. 202×年2月4日，新华公司购入1＃板材300张，单价150元，增值税进项税额为5 850元，1＃板材已经验收入库，价税合计已通过银行支付。

2. 202×年2月7日，向五星工厂购入2＃板材500张，单价100元，五星工厂代垫运杂费400元（杂费多，不予抵扣），增值税进项税额为6 500元，材料已经验收入库，价税合计已经通过银行支付。

3. 202×年2月12日，生产部门领用下列材料，生产电火锅耗用1＃板材280张，单价150元，2＃板材80张，单价100.8元；生产蒸锅领用1＃板材100张，单价150元，2＃板材400张，单价100.8元。

4. 202×年2月20日，车间一般耗用1＃板材1张，单价150元；管理部门耗用2＃板材2张，单价100.8元。（本月最后一笔业务）

表6-4

经济业务	凭证字号	会计分录
1.		
2.		
3.		
4.		

第二种工作情境——登记明细账

根据审核无误的记账凭证登记原材料明细账，如表6-5和表6-6所示。

表6-5

明细分类账（数量金额式）

会计科目：　　　　编号：
类别：　　　　库存物资编号：
品名或规格：　　　　储备定额：
存放地点：　　　　计量单位：

202×年		凭证字号	摘要	收入			发出			结余		
月	日			数量	单价	金额	数量	单价	金额	数量	单价	金额

表 6-6

明细分类账(数量金额式)

会计科目：　　　　　　　　　　编号：
类别：　　　　　　　　　　　　库存物资编号：
品名或规格：　　　　　　　　　储备定额：
存放地点：　　　　　　　　　　计量单位：

202×年		凭证字号	摘　要	收　入			发　出			结　余		
月	日			数量	单价	金额	数量	单价	金额	数量	单价	金额

第三种工作情境——登记总账

根据审核无误的记账凭证登记“原材料总账”,如表 6-7 所示。

表 6-7

总 分 类 账

科目名称________　　　　　　　　　　第　页

202×年		摘　要	借　方								贷　方								借或贷	余　额								
月	日		十	万	千	百	十	元	角	分	十	万	千	百	十	元	角	分		百	十	万	千	百	十	元	角	分
1	1																											

【会计工作任务 3】 错账更正法

（一）资讯

202×年 3 月 31 日，财务部经理张芳芳查账时发现存在一些错账，需要进行更正。

（二）计划

熟练掌握错账更正的三种方法：划线更正法、补充登记法和红字更正法。

（三）决策

1. 查看错账的业务，分析判断应该采用哪种错账更正法进行更正。
2. 采用正确的错账更正方法更正错账。

（四）会计工作过程

根据以下查找出的错账，采用正确的方法进行更正，登账略。将更正的记账凭证填入表 6-8中。

1. 202×年 3 月 3 日，业务员李华报销差旅费 1 000 元。根据原始凭证填制记账凭证，并据以登记入账。原记账凭证填制如下。

借：在途物资　　1 000

　贷：其他应收款——李华　　1 000

2. 202×年 3 月 10 日，新华公司收到大华公司偿还的货款 70 200 元，入银行存款账。根据原始凭证填制记账凭证，并据以登记入账。原记账凭证填制如下。

借：银行存款　　72 000

　贷：应收账款——大华公司　　72 000

3. 202×年 3 月 18 日，新华公司签发商业承兑汇票一张，以抵付原欠本市金属材料公司货款 70 000 元。根据原始凭证填制记账凭证，并据以登记入账。原记账凭证填制如下。

借：应付票据　　70 000

　贷：应付账款——金属材料公司　　70 000

4. 202×年 3 月 25 日，新华公司开出转账支票一张，支付上月欠兴发公司的货款86 000元。根据原始凭证填制记账凭证，并据以登记入账。原记账凭证填制如下。

借：应付账款——兴发公司　　68 000

　贷：银行存款　　68 000

5. 202×年 3 月 28 日，新华公司开出现金支票一张，购买办公用品 1 500 元。根据原始凭证填制记账凭证，并据以登记入账。原记账凭证填制如下。

借：管理费用——办公费　　1 500

　贷：银行存款　　1 500

依据记账凭证登记管理费用总账时，登记为 150 元。

表 6-8

经济业务	凭证字号（略）	会计分录
1.		
2.		
3.		
4.		
5.		

第7章 财产清查

本章要点

会计工作过程中,财务人员应保证企业财产安全完整。如何保证财产的安全完整,必须通过财产清查进行确认。财产清查结果的处理及报批是本章的学习要点。

【会计工作任务1】 财产清查及其处理

(一) 资讯

根据新华公司202×年3月有关财产清查业务,编制记账凭证。

(二) 计划

1. 判断财产清查业务的种类。

2. 编制有关记账凭证。为提高学习效率,本工作任务通过编制会计分录完成。

(三) 决策

首先判断业务的性质,然后确定应借与应贷方向及金额,将正确结果填入表7-1中。

(四) 会计工作过程

1. 3月30日,盘盈原材料——1#板材20张,单价150元,原因待查。

2. 3月30日,盘亏原材料——2#板材5张,单价100.8元,增值税税率13%,原因待查。

3. 3月30日,盘亏生产车间机器设备2台,原始价值6 000元,已提折旧5 500元。

4. 3月31日,经过财产清查小组仔细调查、核对,盘盈1#板材是因为供应厂家赠送,但有关人员疏漏,未入账,领导决定冲减管理费用。

5. 3月31日,经过财产清查小组仔细调查、核对,盘亏2#板材是因为保管员张小花私自送人,决定由其个人赔偿60%,其余属于企业管理不当。

6. 3月31日,经过财产清查小组仔细调查、核对,盘亏机器设备是因为严重损坏不能使用已丢弃,虽然处理方法不符合程序,但不再追究责任。

7. 3月31日,宁远超市破产倒闭,应收账款6 786元无法收回。

8. 3月31日,按照应收账款、其他应收款金额的0.5%计算提取坏账准备3 547.73元。坏账准备期初无余额。

表 7-1

经济业务	凭证字号	会计分录
1.		
2.		
3.		
4.		
5.		
6.		
7.		
8.		

【会计工作任务 2】 盘盈、盘亏及其处理

(一) 资讯

新华公司 202×年 4 月底对原材料进行财产清查后,根据库存数量和有关明细账记录进行账实核对,编制账存实存对比表,请根据账存实存对比表编制记账凭证。

(二) 计划

编制盘盈、盘亏的记账凭证;编制处理盘盈、盘亏的记账凭证。

(三) 决策

盘盈、盘亏报经审批后予以转销,批复意见如下。

1. 因自然灾害损毁的材料,由平安财产保险公司勘验后决定赔偿 80%,目前尚未收款;其余列入营业外支出。
2. 计量差错,列入管理费用。
3. 因管理不善造成的损失,由保管员王雨赔偿 10%,其余列入管理费用。

(四) 会计工作过程

新华公司 202×年 4 月账存实存对比表如表 7-2 所示。

表 7-2

账存实存对比表

202×年 4 月 30 日

名称及规格	计量单位	单价/元	账面盘存		实际盘存		对比结果/元		原　因
			数量	金额	数量	金额	数量	金额	
1#板材	张	150	200	30 000	150	22 500	－50	－7 500	自然灾害损失
2#板材	张	100.8	80	8 064	82	8 265.6	2	201.6	计量差错
电热管	个	50	500	25 000	300	15 000	－200	－10 000	管理不善丢失
合　计				63 064		45 765.6		－17 298.4	

首先判断各项经济业务;其次将正确的结果填入表 7-3 中。

表 7-3

经济业务	凭证字号	会计分录
1.		
2.		
3.		

第8章　财务会计报表的编制

本章要点

通过本章的学习，学生要理解财务会计报表的编制要求，掌握资产负债表和利润表的结构、内容及编制方法，能正确编制资产负债表和利润表。

【会计工作任务】 资产负债表和利润表的编制

(一)资讯

1. 新华公司202×年11月各账户期初余额有关资料见总账科目期初余额表(见表8-1)和债权债务明细科目期初余额表(见表8-2)。

表8-1

总账科目期初余额表　　单位:元

账户名称	借方余额	贷方余额
库存现金	1 000	
银行存款	1 436 250	
应收票据	720 000	
应收账款	55 500	
坏账准备		1 000
在途物资	8 000	
原材料	421 200	
库存商品	637 400	
固定资产	500 000	
累计折旧		36 235
在建工程	453 000	
无形资产	400 000	
短期借款		60 000
应付账款		113 000
应付职工薪酬		156 300
应交税费		12 115
长期借款		230 000

续表

账户名称	借方余额	贷方余额
实收资本		2 800 000
盈余公积		350 000
本年利润		217 000
利润分配		656 700
合　计	4 632 350	4 632 350

表 8-2

债权债务明细科目期初余额表

单位:元

账户名称	总账账户借方余额	总账账户贷方余额	明细账户借方余额	明细账户贷方余额
应收账款	55 500			
应收账款——红山公司				20 000
应收账款——南北超市			75 500	
应付账款		113 000		
应付账款——武汉钢铁			157 000	
应付账款——山东钢铁				270 000

2. 新华公司202×年11月发生业务提示如下。

(1) 11月1日,新华公司采购办公物品200元,现金支付。

(2) 11月5日,新华公司以银行存款发放工资156 300元。

(3) 11月8日,新华公司向红山公司销售蒸锅600个,单价600元,价款360 000元,增值税税率13%,货款尚未收到。

(4) 11月9日,新华公司向武汉钢铁公司采购原材料钢材,买价123 000元,增值税税率13%,运杂费1 000元(暂不考虑增值税),货款尚未支付,材料尚未抵达。

(5) 11月10日,新华公司向兴达公司购买不需要安装的机器设备一台,价款300 000元,运费2 000元(暂不考虑增值税),增值税税率13%,全部款项由企业签发商业承兑汇票支付。

(6) 11月11日,新华公司向希望小学捐款20 000元,款项已用银行存款支付。

(7) 11月13日,新华公司向易达公司销售多余钢材3吨,共计300 000元,增值税税率13%,货款尚未收到。

(8) 11月13日,结转以上材料的销售成本250 000元。

(9) 11月20日,因客户违约罚金收入15 000元,存入银行。

(10) 11月23日,新华公司向南北超市销售电火锅900个,单价800元,价款720 000元,增值税税率13%,收到其签发的商业汇票。

(11) 11月30日,新华公司计提折旧6 210元,其中管理部门固定资产折旧5 410元,专设销售机构固定资产折旧800元。

(12) 11 月 30 日,新华公司计提本月短期借款利息 238 元。

(13) 11 月 30 日,新华公司结转本月销售成本,其中蒸锅单位成本 240 元,电火锅单位成本 300 元。

(14) 11 月 30 日,计算应交城市维护建设税和教育费附加。

(15) 11 月 30 日,结转损益类账户。

(16) 11 月 30 日,按 25%税率计算本月应纳所得税,假设公司没有调整项目。

(17) 11 月 30 日,结转所得税费用。

说明:202×年 11 月 30 日,新华公司长期借款中有 120 000 元将于 1 年内到期。

(二)计划

1. 根据新华公司 202×年 11 月的经济业务事项编制记账凭证。为提高学习效率,本工作任务通过编制会计分录完成。

2. 编制新华公司 202×年 11 月的资产负债表和利润表。

(三)决策

能根据相关经济业务确定各账户发生额和账户余额,并根据有关账户的期末余额和发生额分别编制资产负债表和利润表。

(四)会计工作过程

1. 编制有关记账凭证。为提高学习效率,本工作任务通过编制会计分录完成,并填入表 8-3 中。

2. 登记相关账户的 T 字账。

3. 编制资产负债表(见表 8-4)和利润表(见表 8-5)。

表 8-3

经济业务	凭证字号	会计分录
1.		
2.		
3.		
4.		
5.		

续表

经济业务	凭证字号	会计分录
6.		
7.		
8.		
9.		
10.		
11.		
12.		
13.		
14.		
15.		
16.		
17.		

登记账簿(用 T 字账列式)

表 8-4

资产负债表

会计 01 表

编制单位：　　　　　　　　　　年　月　日　　　　　　　　　　单位：元

资　　产	期末余额	年初余额	负债和所有者权益	期末余额	年初余额
流动资产：			流动负债：		
货币资金			短期借款		
以公允价值计量且其变动计入当期损益的金融资产			以公允价值计量且其变动计入当期损益的金融负债		
应收票据			应付票据		
应收账款			应付账款		
预付款项			预收款项		
其他应收款			应付职工薪酬		
存货			应交税费		
一年内到期的非流动资产			其他应付款		
其他流动资产			一年内到期的非流动负债		
流动资产合计			其他流动负债		
非流动资产：			流动负债合计		
长期应收款			非流动负债：		
固定资产			长期借款		
在建工程			应付债券		
无形资产			长期应付款		
长期待摊费用			其他非流动负债		
非流动资产合计			非流动负债合计		
			负债合计		
			所有者权益：		
			实收资本		
			资本公积		
			其他综合收益		
			盈余公积		
			未分配利润		
			所有者权益合计		
资产合计			负债所有者权益合计		

表 8-5

利　润　表

会计02表

编制单位:　　　　年　月　　　　单位:元

项　目	本期金额	上期金额
一、营业收入		
减:营业成本		
税金及附加		
销售费用		
管理费用		
研发费用		
财务费用		
其中:利息费用		
利息收入		
加:其他收益		
投资收益		
公允价值变动损益		
资产减值损失		
资产处置损益		
二、营业利润		
加:营业外收入		
减:营业外支出		
三、利润总额		
减:所得税费用		
四、净利润		
五、其他综合收益的税后净额		
六、综合收益总额		
七、每股收益		

第 9 章　账务处理程序

本章要点

通过本章的学习，学生应掌握各种账户处理程序，尤其是在实际工作中运用最为广泛的记账凭证账务处理程序和科目汇总表账务处理程序。经过本章的学习，学生在以后的实际工作中能够准确选择及正确运用各种账务处理程序。

【会计工作任务】　科目汇总表账务处理程序

（一）资讯

202×年 12 月，新华公司发生的经济业务提示如下。

1. 1 日，收到创通公司作为资本投入的机器设备一台，价值 100 000 元；收到自然人韩某作为资本的资金 100 000 元。

2. 3 日，收到从工商银行麻涌分行为期 6 个月的短期借款 1 000 000 元，到期还本付息，年利率 6%，款已到账。

3. 6 日，向鞍山钢铁公司购入原材料钢材 2 吨，共计 200 000 元，增值税税率 13%，款未付，材料未入库。

4. 7 日，钢材验收入库。

5. 10 日，经理吴于预借差旅费 1 500 元，已付现。

6. 15 日，通过银行存款账户划拨缴纳水电费 20 000 元，其中车间 15 000 元，办公室 5 000 元。

7. 16 日，出售多余的钢材给通联公司，合计价款 100 000 元，增值税税额 13 000 元，款已收。材料成本 60 000 元。

8. 18 日，以现金捐赠希望小学 3 000 元。

9. 20 日，销售电火锅 1 000 台，单价 800 元，单位成本 300 元；蒸锅 1 200 台，单价 600 元，单位成本 240 元。增值税税率 13%。全部款项存入银行。

10. 22 日，收到上月货款 300 000 元，已存入银行。

11. 23 日，经理吴于出差回来报销 2 000 元，余款 500 元已付现。

12. 25 日，收到违约金现金款 1 000 元。

13. 31 日，计提本月贷款利息费用 5 000 元。

14. 31 日，计算当月工资 200 000 元。其中生产工人工资 50 000 元（电火锅和蒸锅分别是 30 000 元和 20 000 元），车间管理人员工资 30 000 元，管理人员工资 50 000 元，销售人员工资 70 000 元。

15. 31 日，将制造费用按照生产工时分配计入到产品电火锅和蒸锅中。（其中电火锅

和蒸锅的生产工时分别为500小时和400小时）

16. 31日，计提本月税金及附加。其中教育费附加12 922元，城建税5 538元。

17. 31日，结转损益类账户。

18. 31日，按照税率25%计提并结转所得税。

19. 31日，结转全年净利润。

20. 31日，按全年净利润的10%、5%分别提取法定盈余公积、任意盈余公积。

21. 31日，将利润分配各明细账户余额结转到“利润分配——未分配利润”。

（二）计划

1. 根据新华公司12月的经济业务编制记账凭证。为提高学习效率，本工作任务通过编制会计分录完成。

2. 按月编制科目汇总表。

（三）决策

能根据相关经济业务正确选择、使用专用记账凭证，并根据记账凭证编制科目汇总表。

（四）会计工作过程

1. 编制有关记账凭证。为提高学习效率，本工作任务通过编制会计分录完成，见表9-1。

2. 登记相关账户的T字账。

3. 熟悉科目汇总表（见表9-2）的编制。

表9-1

经济业务	凭证字号	会计分录
1.		
2.		
3.		
4.		
5.		
6.		
7.		

续表

经济业务	凭证字号	会计分录
8.		
9.		
10.		
11.		
12.		
13.		
14.		
15.		
16.		
17.		
18.		
19.		
20.		
21.		

登记账簿(用 T 字账列式)。

表 9-2

科目汇总表

编号：

编制单位：　　　　　　　　　　　　　　年　月　日　　　　　　　　　　　　　　单位：元

科目名称	本期发生额	
	借　方	贷　方
本月合计		

第 10 章　会计基础综合实训

本章要点

通过前 9 章的单项训练，学生对会计基础的各项基本能力有了一定的掌握。本章给出广州市佳旺有限公司一个月全部经济业务涉及的原始凭证，要求学生采用科目汇总表核算程序，仔细审核原始凭证，并正确编制记账凭证，登记日记账、明细账和总账，最后完成会计报表的编制。在教师的指导下，学生如果能顺利完成全部工作，说明已经具备了在规模较小的企业从事会计工作的能力。

【会计工作任务】　会计学基础综合实训

（一）资讯

广州市佳旺有限公司企业资料如下。

企业名称：广州市佳旺有限公司

法人代表：王民

会计主管：陆小红

会计：周颖

出纳：李芳

发证机关：广州市公安局越秀分局

地址、电话：广州市光明二路 15 号、020-86373695

社会信用统一代码（纳税人识别号）：91440200190489801A

开户银行：中国建设银行光明支行

账号：1001001050369854120

主营业务：生产、销售 A、B 产品

生产组织形式和工艺流程：设有一个基本生产车间，单步骤大量、大批、重复生产 A 和 B 产品。

广州市佳旺有限公司采用以下会计政策和核算方法。

(1) 公司执行财政部制定的《企业会计准则》和《会计基础工作规范》。

(2) 公司经广州市国家税务局认定为一般纳税人企业，增值税税率 13%，城市维护建设税税率 7%，教育费附加费率 3%，企业所得税税率 25%（企业所得税实行查账计征，按月计提、按季预缴、年终汇算清缴）。

(3) 采购和销售业务的单价均为不含税价格。

(4) 固定资产折旧方法采用年限平均法，按月综合折旧率计提，生产车间设备折旧率为 1.2%，房屋折旧率为 0.5%。

(5) 采用科目汇总表核算形式，全月汇总一次。(也可选择半月汇总一次)

(6) 损益结转采用账结法。

本企业 1 月初无留抵进项税额。

本案例业务发生日期为 202×年 1 月

库存现金日记账需要日结，银行存款日记账无须日结。

总账和明细账的余额见表 10-1～表 10-5。

表 10-1

总账余额 单位：元

账　户	期初借方余额	期初贷方余额
库存现金	4 200	
银行存款	137 000	
应收账款	130 000	
其他应收款	5 000	
原材料	90 000	
生产成本	10 000	
库存商品	130 000	
固定资产	1 000 000	
累计折旧		15 000
无形资产	11 000	
累计摊销		1 000
短期借款		100 000
应付职工薪酬		95 000
应交税费		4 000
应付利息		1 000
应付股利		10 000
长期借款		200 000
实收资本		900 000
资本公积		100 000
盈余公积		10 000
利润分配		81 200
合　计	1 517 200	1 517 200

表 10-2

应收账款明细账期初余额 单位：元

明细账户	借方余额	贷方余额
魔力公司	135 000	
广州市飞跃技术有限公司		5 000

表 10-3

原材料明细账期初资料

明细账户	计量单位	结存数量	单价/元	借方余额/元
甲材料	千克	3 000	20	60 000
乙材料	千克	3 000	10	30 000

表 10-4

库存商品明细账期初资料

明细账户	计量单位	结存数量	单价/元	借方余额/元
A 产品	台	10 000	10	100 000
B 产品	台	5 000	6	30 000

表 10-5

生产成本明细账期初资料

明细账户	产量/台	直接材料/元	直接人工/元	制造费用/元	合计/元
A 产品	12 200	7 000	2 000	1 000	10 000

（二）计划

采用科目汇总表会计核算程序，完成广州市佳旺有限公司 202×年 1 月发生的各项经济业务的相关会计处理。包括原始凭证的填写、记账凭证的编制、库存现金日记账和银行存款日记账的登记、各种明细账及总账的登记，最后完成资产负债表和利润表的编制。

（三）决策

1. 本实训内容采用科目汇总表账务处理程序。
2. 采用通用记账凭证，根据审核无误的原始凭证编制记账凭证，最后装订成册。
3. 根据收付业务逐日逐笔登记库存现金日记账和银行存款日记账，要求日清月结。
4. 根据记账凭证和相关原始凭证登记各类明细账，并采用恰当的方法结出余额。
(1) 重要的财产物资、债权债务类明细账，每笔结出余额。
(2) 非重要的财产物资和债权债务类明细账、所有者权益明细账，月末结出余额。
(3) 成本类、损益类账户，月末结转前结出余额。
5. 按月或半月编制科目汇总表。
6. 根据科目汇总表登记总账，将科目汇总表附在记账凭证前面，并装订成册。
7. 月末对账，并结账。
8. 编制资产负债表和利润表。

（四）会计工作过程

1. 202×年 1 月 5 日，接受现金投资(见表 10-6 和表 10-7)。
2. 202×年 1 月 6 日，向银行借入 6 个月的短期借款(见表 10-8)。
3. 202×年 1 月 6 日，偿还上季度利息(见表 10-9)。

4. 202×年 1 月 7 日，购买材料，用支票支付(见表 10-10～表 10-12)。
5. 202×年 1 月 8 日，李娜出差借款(见表 10-13)。
6. 202×年 1 月 9 日，7 日购入的材料验收入库(见表 10-14)。
7. 202×年 1 月 9 日，销售产品(见表 10-15)。
8. 202×年 1 月 10 日，发出材料(见表 10-16)。
9. 202×年 1 月 10 日，提现备发工资(见表 10-17)。
10. 202×年 1 月 10 日，发放工资(见表 10-18)。
11. 202×年 1 月 15 日，购买办公用品(见表 10-19～表 10-22)。
12. 202×年 1 月 18 日，收回前欠货款(见表 10-23)。
13. 202×年 1 月 19 日，销售产品一批(见表 10-24)。
14. 202×年 1 月 19 日，结转已售产品成本(见表 10-25)。
15. 202×年 1 月 20 日，李娜出差回来报销差旅费(见表 10-26)。
16. 202×年 1 月 21 日，支付广告费(见表 10-27～表 10-29)。
17. 202×年 1 月 22 日，收到现金捐款(见表 10-30 和表 10-31)。
18. 202×年 1 月 22 日，收到违约款(见表 10-32 和表 10-33)。
19. 202×年 1 月 23 日，支付餐费(见表 10-34 和表 10-35)。
20. 202×年 1 月 24 日，盘点现金(见表 10-36)。
21. 202×年 1 月 29 日，支付仓库租金(见表 10-37 和表 10-38)。
22. 202×年 1 月 31 日，现金长款处理(见表 10-39)。
23. 202×年 1 月 31 日，工资分配表(见表 10-40)。
24. 202×年 1 月 31 日，折旧费计算表(见表 10-41)。
25. 202×年 1 月 31 日，制造费用分配(见表 10-42)。
26. 202×年 1 月 31 日，产品成本计算及入库(见表 10-43 和表 10-44)。
27. 202×年 1 月 31 日，计算城建税(见表 10-45)。
28. 202×年 1 月 31 日，计算本月借款利息(见表 10-46)。
29. 202×年 1 月 31 日，结转损益类账户(见表 10-47)。
30. 202×年 1 月 31 日，计算并结转本月所得税(见表 10-48)。

表 10-6

收据(接受投资专用)

202×年 01 月 05 日

投资单位:深圳市金沙贸易有限公司		投资日期:202×年 01 月 05 日		
投资项目	评估价值/元	拥有注册资本份额	资本公积	备　注
库存现金	200 000.00	100 000.00	100 000.00	
投资金额合计人民币(大写):贰拾万元整				¥200 000.00

第三联：记账联

接受单位：深圳市佰旺有限公司 财务专用章　　负责人：　　制单：李芳

表 10-7

中国建设银行进账单(收款通知)

No 88866

202×年 01 月 05 日

<table>
<tr><td rowspan="3">收款人</td><td>全称</td><td colspan="2">广州市佳旺有限公司</td><td rowspan="3">付款人</td><td>全称</td><td colspan="11">深圳市金沙贸易有限公司</td></tr>
<tr><td>账号</td><td colspan="2">1001001050369854120</td><td>账号</td><td colspan="11">6600010242001001001</td></tr>
<tr><td>开户银行</td><td colspan="2">中国建设银行光明支行</td><td>开户银行</td><td colspan="11">中国建设银行丹灶支行</td></tr>
<tr><td rowspan="2">金额</td><td rowspan="2">人民币
(大写)</td><td colspan="4" rowspan="2">贰拾万元整</td><td>亿</td><td>千</td><td>百</td><td>十</td><td>万</td><td>千</td><td>百</td><td>十</td><td>元</td><td>角</td><td>分</td></tr>
<tr><td></td><td></td><td>¥</td><td>2</td><td>0</td><td>0</td><td>0</td><td>0</td><td>0</td><td>0</td><td>0</td></tr>
<tr><td>票据种类</td><td>转账支票</td><td>票据张数</td><td>1</td><td colspan="13" rowspan="3">中国建设银行
光明支行
202×.01.05
转
讫

收款人开户银行盖章</td></tr>
<tr><td>票据号码</td><td colspan="3"></td></tr>
<tr><td colspan="4">复核:　　　　记账:</td></tr>
</table>

表 10-8

借款借据(收账通知)

202×年 01 月 06 日

借款编号:01

<table>
<tr><td>贷款单位名称</td><td colspan="2">广州市佳旺有限公司</td><td>贷款单位账号</td><td colspan="11">1001001050369854120</td></tr>
<tr><td rowspan="2">贷款金额</td><td rowspan="2">人民币
(大写)</td><td colspan="2" rowspan="2">壹拾万元整</td><td>亿</td><td>千</td><td>百</td><td>十</td><td>万</td><td>千</td><td>百</td><td>十</td><td>元</td><td>角</td><td>分</td></tr>
<tr><td></td><td></td><td>¥</td><td>1</td><td>0</td><td>0</td><td>0</td><td>0</td><td>0</td><td>0</td><td>0</td></tr>
<tr><td>贷款用途</td><td colspan="14">生产经营</td></tr>
<tr><td>贷款期限</td><td colspan="14">6 个月,于 202×年 7 月 5 日到期</td></tr>
<tr><td colspan="3">上列贷款已批准发放,转入你单位存款账户

中国建设银行
光明支行
202×.01.06
转
讫

借款单位:(银行签章)</td><td colspan="12">会计分录:
借:
贷:

复核:　　　　记账:</td></tr>
</table>

表 10-9

中国建设银行已收利息传票

202×年 01 月 06 日

付款账户	全称	广州市佳旺有限公司	收款账户	全称	中国建设银行光明支行
	账号	1001001050369854120		账号	1044020019046543 21
	开户银行	中国建设银行光明支行		开户银行	中国建设银行光明支行
金额	¥1 000.00			金额	¥1 000.00
备注：上季度利息				科目	中国建设银行 光明支行 202×.01.06 复核：　　记账：

表 10-10

4400192130　　　　**广东增值税专用发票**　　　　No 00774103

抵　扣　联　　　　开票日期：202×年 01 月 07 日

购买方	名　　称：广州市佳旺有限公司 纳税人识别号：91440200190489801A 地 址、电 话：广州市光明二路 15 号 020－86373695 开户行及账号：建行光明支行 1001001050369854120				密码区	/56+75>+79*86967/987<　加密版本：01 786><7078976<+*8->876　75786544775 <++*9897*5<76+?98575-　089557783		
货物或应税劳务、服务名称	规格型号	单位	数量	单价	金　额		税率	税　额
甲材料		千克	2 000	20.00	40 000.00		13%	5 200.00
乙材料		千克	3 000	10.00	30 000.00		13%	3 900.00
合　计					¥70 000.00			¥9 100.00
价税合计(大写)	⊗柒万玖仟壹佰元整				(小写)¥79 100.00			
销售方	名　　称：深圳市金沙贸易有限公司 纳税人识别号：91440600209572128B 地 址、电 话：深圳市丹灶路 6 号 0757－36985214 开户行及账号：建行丹灶支行 6600010242001001001				备注	深圳市金沙贸易有限公司 91440600209572128B 发票专用章		

第二联：抵扣联　购买方扣税凭证

收款人：王芳　　　　复核：周红　　　　开票人：王琳　　　　销售方：(章)

表 10-11

4400192130 **广东增值税专用发票** No 00774103

发 票 联 开票日期：202×年 01 月 07 日

购买方	名　　称：广州市佳旺有限公司 纳税人识别号：91440200190489801A 地 址、电 话：广州市光明二路 15 号 020－86373695 开户行及账号：建行光明支行 1001001050369854120	密码区	/56+75>+79＊86967/987< 加密版本：01 786><7078976<+＊8－>876 75786544775 <++＊9897＊5<76+?98575－ 089557783

货物或应税劳务、服务名称	规格型号	单位	数量	单价	金　额	税率	税　额
甲材料		千克	2 000	20.00	40 000.00	13%	5 200.00
乙材料		千克	3 000	10.00	30 000.00	13%	3 900.00
合　　计					¥70 000.00		¥9 100.00
价税合计（大写）	⊗柒万玖仟壹佰元整				（小写）¥79 100.00		

销售方	名　　称：深圳市金沙贸易有限公司 纳税人识别号：91440600209572128B 地 址、电 话：深圳市丹灶路 6 号 0757－36985214 开户行及账号：建行丹灶支行 6600010242001001001	备注	（印章：深圳市金沙贸易有限公司 91440600209572128B 发票专用章）

收款人：王芳　　复核：周红　　开票人：王琳　　销售方：（章）

第三联：发票联　购买方记账凭证

表 10-12

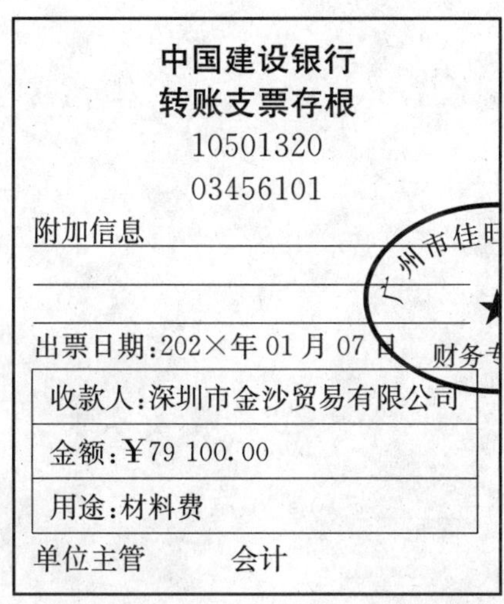

中国建设银行
转账支票存根
10501320
03456101

附加信息

出票日期：202×年 01 月 07 日

收款人：深圳市金沙贸易有限公司
金额：¥79 100.00
用途：材料费

单位主管　　会计

（印章：广州市佳旺……财务专……）

表 10-13

借　据(记账联)

202×年 01 月 08 日

借款人	李娜	借款原因	去外地出差
借款金额	人民币(大写):贰仟元整　**现金付讫**		¥2 000.00
领导审批	同意　周敏	归还方式	出差返还报账

财务负责人:陆小红　　　　出纳:李芳　　　　借款人签字:李娜

表 10-14

材料验收入库单

供货单位:深圳市金沙贸易有限公司　　　　202×年 01 月 09 日　　　　材料类别:原材料

发票号码 00774103　　　　仓库编号:1

材料编号	材料名称及规格	单位	数量		实际成本										
			应收	实收	单价	发票金额	运费	金额							
								十	万	千	百	十	元	角	分
	甲材料	千克	2 000	2 000	20	40 000			4	0	0	0	0	0	0
	乙材料	千克	3 000	3 000	10	30 000			3	0	0	0	0	0	0
合　计						70 000		¥	7	0	0	0	0	0	0
备注:								附单据 1 张							

仓库负责人:　　　　记账:　　　　仓库保管员:张三　　　　验收:周颖

表 10-15

4400192130　　　　**广东增值税专用发票**　　　　No 00674821

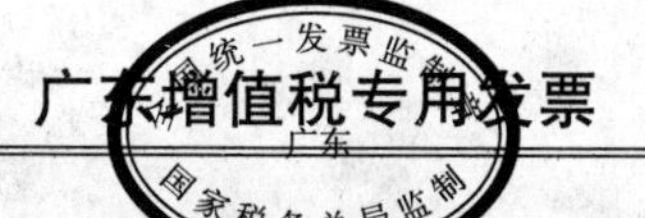

此联不作报销、扣税凭证使用　　　　开票日期:202×年 01 月 09 日

购买方	名　　　称:广州市飞跃技术有限公司 纳税人识别号:91440200319044552K 地 址、电 话:广州市江华路 3 号 020－86596464 开户行及账号:工行江华支行 6622001020050790011				密码区	/56＋75>＋79＊86967/987<　加密版本:01 786><7078976<＋＊8－>876　75786544775 <＋＋＊9897＊5<76＋?98575－　089557783		
货物或应税劳务、服务名称	规格型号	单位	数量	单价	金　额		税率	税　额
A 产品		台	1 000	20.00	20 000.00		13%	2 600.00
合　　计					¥20 000.00			¥2 600.00
价税合计(大写)	⊗贰万贰仟陆佰元整				(小写)¥22 600.00			
销售方	名　　　称:广州市佳旺有限公司 纳税人识别号:91440200190489801A 地 址、电 话:广州市光明二路 15 号 020－86373695 开户行及账号:建行光明支行 1001001050369854120				备注	广州市佳旺有限公司 91440200190489801A 发票专用章		

第一联:记账联　销售方记账凭证

收款人:王芳　　　　复核:陆小红　　　　开票人:周颖　　　　销售方:(章)

表 10-16

发出材料汇总表

202×年 01 月 10 日

会计科目	领料部门	甲材料		乙材料		金额合计/元
		数量/千克	金额/元	数量/千克	金额/元	
生产成本	制造产品耗用	2 000	40 000.00	3 500	35 000.00	75 000.00
	其中:A 产品	1 000	20 000.00	2 000	20 000.00	40 000.00
	B 产品	1 000	20 000.00	1 500	15 000.00	35 000.00
制造费用	车间一般耗用	600	12 000.00	500	5 000.00	17 000.00
管理费用	企业管理部门耗用	400	8 000.00			8 000.00
其他业务成本	销售领用	400	8 000.00			8 000.00
合　计		3 400	68 000.00	4 000	40 000.00	108 000.00

会计主管:陆小红　　　　复核: 陆小红　　　　制单:周颖

表 10-17

中国建设银行 现金支票存根 10509310 20617235	中国建设银行　现金支票　10509310 20617235
附加信息	出票日期(大写)贰零贰×年零壹月壹拾日　付款行名称:建行光明支行
出票日期:202×年 01 月 10 日	收款人: 广州市佳旺有限公司　出票人账号:1001001050369854120
收款人:广州市佳旺有限公司	人民币(大写) 玖万伍仟元整　¥ 9 5 0 0 0 0 0
金额:¥95 000.00	用途备发薪酬　密码:
用途:备发薪酬	上列款项请从我账户内支付　行号:
单位主管　会计	付款期限自出票之日起十天
	广州市佳旺有限公司 ★ 财务专用章　王龙 印民
	出票人签章　复核　记账　陆红 印小

表 10-18

工资结算表

202×年 01 月 10 日

人员部门	姓名	计时工资	工资性津贴	奖金	应扣款项		实付工资	签　收
					事假	病假		
车间:A 产品	李小明	5 000.00	1 000.00	1 000.00			7 000.00	李小明
车间:B 产品	张帅	5 000.00	2 000.00	500.00	100.00	100.00	7 300.00	张帅
车间管理人员	刘媛媛	8 000.00	1 000.00	1 000.00			10 000.00	刘媛媛
行政人员	范思思	7 000.00	1 000.00	1 000.00			9 000.00	范思思
⋮	⋮	⋮	⋮	⋮	⋮	⋮	⋮	现金付讫
合　计		68 600.00	7 000.00	20 000.00	100.00	500.00	95 000.00	

制单:周颖　　审批:陆小红　　出纳:李芳　　财务负责人:赵财管

表 10-19

4400192130　　**广东增值税专用发票**　　No 00775160

抵　扣　联　　开票日期:202×年 01 月 15 日

购买方	名　　称:广州市佳旺有限公司 纳税人识别号:91440200190489801A 地 址、电 话:广州市光明二路 15 号 020 - 86373695 开户行及账号:建行光明支行 1001001050369854120	密码区	/56+75>+79*86967/987< 加密版本:01 786><7078976<+*8->876 75786544775 <++*9897*5<76+?98575- 089557783

货物或应税劳务、服务名称	规格型号	单位	数量	单价	金　额	税率	税　额
打印纸	A4	包	30	25.00	750.00	13%	97.50
打印墨水	33mL	个	30	50.00	1 500.00	13%	195.00
档案盒	50mm	个	30	25.00	750.00	13%	97.50
合　计					¥3 000.00		¥390.00
价税合计(大写)	⊗叁仟叁佰玖拾元整				(小写)¥3 390.00		

销售方	名　　称:广州百货大楼 纳税人识别号:91440601234578342N 地 址、电 话:广州市新华路 6 号 020 - 57342567 开户行及账号:建行新华支行 6600010242002543002	备注	广州百货大楼 91440601234578342N 发票专用章

收款人:温丽　　复核:田七　　开票人:刘军　　销售方:(章)

第二联:抵扣联　购买方扣税凭证

表 10-20

4400192130　　　　**广东增值税专用发票**　　　　№ 00775160

发　票　联　　　　开票日期：202×年 01 月 15 日

购买方	名　　称：广州市佳旺有限公司 纳税人识别号：91440200190489801A 地 址、电 话：广州市光明二路 15 号 020－86373695 开户行及账号：建行光明支行 1001001050369854120	密码区	/56＋75＞＋79＊86967/987＜　加密版本：01 786＞＜7078976＜＋＊8－＞876　75786544775 ＜＋＋＊9897＊5＜76＋?98575－　089557783				
货物或应税劳务、服务名称	规格型号	单位	数量	单价	金　额	税率	税　额
打印纸	A4	包	30	25.00	750.00	13%	97.50
打印墨水	33mL	个	30	50.00	1 500.00	13%	195.00
档案盒	50mm	个	30	25.00	750.00	13%	97.50
合　计					￥3 000.00		￥390.00
价税合计（大写）	⊗叁仟叁佰玖拾元整				（小写）￥3 390.00		
销售方	名　　称：广州百货大楼 纳税人识别号：91440601234578342N 地 址、电 话：广州市新华路 6 号 020－57342567 开户行及账号：建行新华支行 6600010242002543002	备注	广州百货大楼 91440601234578342N 发票专用章				

收款人：温丽　　　　复核：田七　　　　开票人：刘军　　　　销售方：（章）

第三联：发票联　购买方记账凭证

表 10-21

办公用品领用单

202×年 01 月 15 日

品　名	规格	单位	数量	单价	金额	领用部门	签　字
打印纸	A4	包	10	25	250.00	车间	王生产
打印墨水	33mL	个	10	50	500.00	车间	王生产
档案盒	50mm	个	10	25	250.00	车间	王生产
打印纸	A4	包	20	25	500.00	行政办公室	李办公
打印墨水	33mL	个	20	50	1 000.00	行政办公室	李办公
档案盒	50mm	个	20	25	500.00	行政办公室	李办公
合　计					3 000.00	备注	

审批：陆小红　　　　经办：王采买　　　　制单：周颖

表 10-22

中国建设银行
转账支票存根
10501320
07386201

附加信息

出票日期：202×年 01 月 15 日

收款人：广州百货大楼

金额：¥3 390.00

用途：购买办公用品

单位主管　　会计

表 10-23

中国建设银行进账单（收款通知）

No 88155

202×年 01 月 18 日

<table>
<tr><td rowspan="3">收款人</td><td>全 称</td><td>广州市佳旺有限公司</td><td rowspan="3">付款人</td><td>全称</td><td colspan="11">魔力公司</td></tr>
<tr><td>账 号</td><td>1001001050369854120</td><td>账号</td><td colspan="11">44444444455555555555</td></tr>
<tr><td>开户银行</td><td>中国建设银行光明支行</td><td>开户银行</td><td colspan="11">工商银行越秀区支行</td></tr>
<tr><td rowspan="2">金额</td><td rowspan="2">人民币（大写）</td><td colspan="3" rowspan="2">壹拾叁万伍仟元整</td><td>亿</td><td>千</td><td>百</td><td>十</td><td>万</td><td>千</td><td>百</td><td>十</td><td>元</td><td>角</td><td>分</td></tr>
<tr><td></td><td></td><td>¥</td><td>1</td><td>3</td><td>5</td><td>0</td><td>0</td><td>0</td><td>0</td><td>0</td></tr>
<tr><td>票据种类</td><td>转账支票</td><td>票据张数</td><td>1</td><td colspan="12" rowspan="3">中国建设银行
光明支行
202×.01.18
转
讫

收款人开户银行盖章</td></tr>
<tr><td>票据号码</td><td colspan="3"></td></tr>
<tr><td colspan="2">复核：</td><td colspan="2">记账：</td></tr>
</table>

表 10-24

4400192130

广东增值税专用发票

No 00675963

此联不作报销、扣税凭证使用　　开票日期:2020 年 01 月 19 日

购买方	名　　称:魔力公司 纳税人识别号:91440205000060000D 地 址、电 话:广州市越秀区小北路 456 号 020－62627963 开户行及账号:工行越秀区支行 4444444445555555555	密码区	/56+75>+79＊86967/987<　加密版本:01 786><7078976<+＊8－>876　75786544775 <++＊9897＊5<76+?98575－　089557783

货物或应税劳务、服务名称	规格型号	单位	数量	单价	金　额	税率	税　额
A 产品		台	10 000	20.00	200 000.00	13%	26 000.00
B 产品		台	5 000	12.00	60 000.00	13%	7 800.00
合　计					￥260 000.00		￥33 800.00
价税合计(大写)	⊗贰拾玖万叁仟捌佰元整				(小写)￥293 800.00		

销售方	名　　称:广州市佳旺有限公司 纳税人识别号:91440200190489801A 地 址、电 话:广州市光明二路 15 号 020－86373695 开户行及账号:建行光明支行 1001001050369854120	备注	(印章:广州市佳旺有限公司 91440200190489801A 发票专用章)

收款人:李芳　　复核:陆小红　　开票人:周颖　　销售方:(章)

第一联:记账联　销售方记账凭证

表 10-25

销售成本计算表

202×年 01 月 19 日

销售商品名称	单位	销售数量	单位成本	销售成本	备　注
A 产品	台	10 000	10.00	100 000.00	
B 产品	台	5 000	6.00	30 000.00	
合　计				130 000.00	

审核:陆小红　　　　制单:周颖

表 10-26

差旅费报销单

202×年 01 月 20 日

部门	办公室	姓名	李娜	出差事由	开会	时间	1月8日起至1月18日止
交通费(去)	自广州站至北京站			金额	400.00	说明:原始单据见附后的"原始凭证粘贴单"。	
交通费(返)	自北京站至广州站			金额	400.00		
住宿费	9天 定额:100.00			金额	900.00		
出差补助	10天 定额:80.00			金额	800.00		
其他				金额			
合计金额	(大写)	贰仟伍佰元整		预借款	补付现金	返还款	
	(小写)	¥2 500.00		2 000.00	500.00		
审批人	陆小红	部门负责人		陆小红	出差人	李娜	

表 10-27

4400192130   **广东增值税专用发票**   No 00884103

抵 扣 联   开票日期:202×年 01 月 21 日

购买方	名 称:广州市佳旺有限公司 纳税人识别号:91440200190489801A 地 址、电 话:广州市光明二路 15 号 020-86373695 开户行及账号:建行光明支行 1001001050369854120	密码区	/56+75>+79*86967/987< 加密版本:01 786><7078976<+*8->876 75786544775 <++*9897*5<76+? 98575- 089557783

货物或应税劳务、服务名称	规格型号	单位	数量	单 价	金 额	税率	税 额
广告费			1	50 000.00	50 000.00	6%	3 000.00
合 计					¥50 000.00		¥3 000.00
价税合计(大写)	⊗伍万叁仟元整				(小写)¥53 000.00		

销售方	名 称:南粤电视台 纳税人识别号:91440601000020000E 地 址、电 话:广州市裕华路 8 号 020-36985266 开户行及账号:建行裕华路支行 6600010242001007008	备注	南粤电视台 91440601000020000E 发票专用章

收款人:陈玲   复核:吴辉   开票人:孙红   销售方:(章)

第二联:抵扣联 购买方扣税凭证

表 10-28

4400192130

广东增值税专用发票

No 00884103

发　票　联

开票日期:202×年 01 月 21 日

购买方	名　称:广州市佳旺有限公司 纳税人识别号:91440200190489801A 地 址、电 话:广州市光明二路 15 号 020－86373695 开户行及账号:建行光明支行 1001001050369854120	密码区	/56＋75＞＋79＊86967/987＜　加密版本:01 786＞＜7078976＜＋＊8－＞876　75786544775 ＜＋＋＊9897＊5＜76＋?98575－　089557783				
货物或应税劳务、服务名称	规格型号	单位	数量	单　价	金　额	税率	税　额
广告费			1	50 000.00	50 000.00	6%	3 000.00
合　计					¥50 000.00		¥3 000.00
价税合计(大写)	⊗伍万叁仟元整				(小写)¥53 000.00		
销售方	名　称:南粤电视台 纳税人识别号:91440601000020000E 地 址、电 话:广州市裕华路 8 号 020－36985266 开户行及账号:建行裕华路支行 6600010242001007008	备注	南粤电视台 91440601000020000E 发票专用章				

第三联:发票联　购买方记账凭证

收款人:陈玲　　复核:吴辉　　开票人:孙红　　销售方:(章)

表 10-29

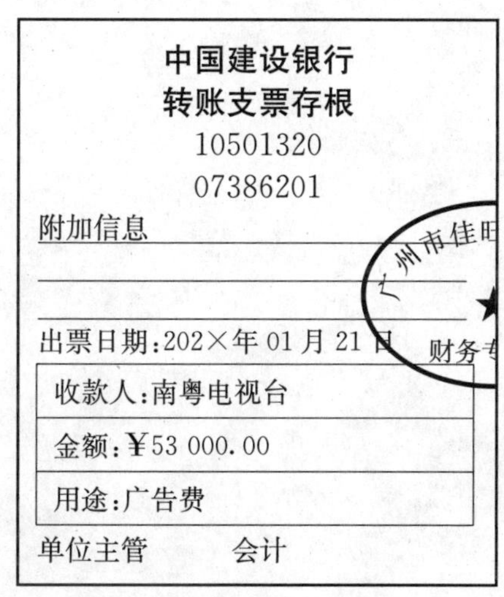

中国建设银行
转账支票存根
10501320
07386201

附加信息

出票日期:202×年 01 月 21 日

收款人:南粤电视台
金额:¥53 000.00
用途:广告费

单位主管　　会计

表 10-30

收款收据

202×年 01 月 22 日

今收到:南方材料厂 交来 现金捐款

人民币(大写):伍仟元整　　　　　¥ 5 000.00

事由:开业周年庆典捐款

现金收讫

广州市佳旺有限公司 ★ 财务专用章

单位:(章)　　　　财务负责人:陆小红　　　　收款人:李芳

第三联:记账联

表 10-31

中国建设银行 现金缴款单

202×年 01 月 22 日　　　　流水号:0123756

缴款单位	广州市佳旺有限公司	
账号	1001001050369854120	
交款人	李芳	
款项来源	南方材料厂现金捐款	
大写金额	(币种)人民币伍仟元整	¥5 000.00

银行确认栏

复核

出纳

中国建设银行 光明支行 202×.01.22

(银行盖章)

第二联:回单联

表 10-32

收款收据

202×年 01 月 22 日

今收到:创新科技公司 交来 违约款

人民币(大写):贰仟元整　　　　　¥ 2 000.00

事由:迟交货违约罚款

现金收讫

广州市佳旺有限公司 ★ 财务专用章

单位:(章)　　　　财务负责人:陆小红　　　　收款人:李芳

第二联:交款人收据

表 10-33

中国建设银行 现金缴款单

202×年 01 月 22 日　　　　流水号:0123757

缴款单位	广州市佳旺有限公司	
账号	1001001050369854120	
交款人	李芳	
款项来源	创新科技公司现金违约款	
大写金额	(币种)人民币贰仟元整	¥2 000.00
银行确认栏 复核 出纳		中国建设银行 光明支行 202×.01.22 (银行盖章)

第二联：回单联

表 10-34

现金支出报销单

申请部门:管理部门　　　　202×年 01 月 23 日　　　　附单据 1 张

经手人	赵骊	电话	13679986328	领款方式	现金(√)银行卡( )
				卡号	
款项用途	支付业务招待费用　现金付讫				支出性质:
报销金额	(大写)人民币捌佰元整　¥800.00				
预借备用金¥0.00		退还金额¥0.00		补领金额¥800.00	

第一联　记账联

财务部领导:陆小红　　部门领导:陆小红　　出纳:李芳　　领款人:赵骊

表 10-35

4400192320　　　　**广东增值税普通发票**　　　　No 00684876

发　票　联　　　　开票日期:202×年 01 月 23 日

购买方	名　　　称:广州市佳旺有限公司 纳税人识别号:91440200190489801A 地 址、电 话:广州市光明二路 15 号 020-86373695 开户行及账号:建行光明支行 1001001050369854120				密码区	034795-987/53<>59*8*>4-68*<1 -10**959<7+4384>/22+727>9>1< -<806772<>2>><17624*+-22>8/7 08-<*3+6>201*6>/19-<4776**52		
货物或应税劳务、服务名称	规格型号	单位	数量	单价	金　额	税率	税　额	
餐费			1	754.72	754.72	6%	45.28	
合　　计					¥754.72		¥45.28	
价税合计(大写)	⊗捌佰元整				(小写)¥800.00			
销售方	名　　　称:广州市好滋味有限公司 纳税人识别号:9144020869771538XA 地 址、电 话:广州市风度南路 17 号 020-80886656 开户行及账号:工行风度南路支行 6622001030000002931				备注	广州市好滋味有限公司 9144020869771538XA 发票专用章		

第二联：发票联　购买方记账凭证

收款人:李茂　　复核:李智　　开票人:王豪　　销售方:(章)

表 10-36

现金盘点报告单

编制单位:广州市佳旺有限公司　　202×年 01 月 24 日

货币面额	张数	金额	核对账目	金额
100 元	45	4 500.00	现金账面余额	4 699.00
50 元	4	200.00	实点现金	4 749.00
20 元			长款	50.00
10 元	4	40.00		
5 元	1	5.00		
2 元				
1 元	4	4.00		
5 角				
2 角				
1 角				
5 分				
2 分				
1 分				
实点合计	58	4 749.00		

制表:李芳　　审核:陆小红

表 10-37

现金支出报销单

申请部门:管理部门　　202×年 01 月 29 日　　附单据 1 张

经手人	赵骊	电话	13679986328	领款方式	现金(√)银行卡( )
				卡号	
款项用途	支付 202×年 1 月仓库租金 现金付讫				支出性质:
报销金额	(大写)人民币陆佰元整　¥600.00				
预借备用金¥0.00		退还金额¥0.00		补领金额¥600.00	

第一联 记账联

财务部领导:陆小红　　部门领导:陆小红　　出纳:李芳　　领款人:赵骊

表 10-38

4400192320 **广东增值税普通发票** No 35201020

发　票　联　　开票日期：202×年 01 月 29 日

购买方	名　　称：广州市佳旺有限公司 纳税人识别号：91440200190489801A 地 址、电 话：广州市光明二路 15 号 020－86373695 开户行及账号：建行光明支行 1001001050369854120	密码区	034795—987/53<>59＊8＊>4—68＊<1 —10＊＊959<7+4384>/22+727>9>1< —<806772<>2>><17624＊+—22>8/7 08—<＊3+6>201＊6>/19—<4776＊＊52

货物或应税劳务、服务名称	规格型号	单位	数量	单价	金　额	税率	税　额
仓库租金		平方米	30	19.05	571.43	5%	28.57
合　　计					￥571.43		￥28.57
价税合计(大写)	⊗陆佰元整				(小写)￥600.00		

销售方	名　　称：广州市康华达物业有限公司 纳税人识别号：91440200388049221X 地 址、电 话：广州市光明二路 26 号 020－86376656 开户行及账号：建行光明支行 1001001050336520321	备注	广州市康华达物业有限公司 91440200388049221X 发票专用章

收款人：王兰　　复核：郑群　　开票人：梁怡　　销售方：(章)

第二联：发票联　购买方记账凭证

表 10-39

会 议 纪 要

经过 1 月 31 日总经理办公室面议，1 月 24 日清查现金发现现金长款伍拾元，查明出纳在支付工资时少支付王洋人民币伍拾元(￥50.00)，同意列为其他应付款。

日期：202×年 1 月 31 日

单位：

表 10-40

工资费用分配汇总表

编制单位：广州市佳旺有限公司　　202×年 01 月 31 日　　单位：元

车间部门	应分配金额	备注
车间生产工人薪酬	70 000.00	
其中：A 产品	50 000.00	
B 产品	20 000.00	
车间管理人员薪酬	10 000.00	
行政管理人员薪酬	20 000.00	
合　计	100 000.00	

制表：周颖　　审核：陆小红

表 10-41

固定资产折旧计算表

编制单位:广州市佳旺有限公司　　202×年 01 月 31 日　　单位:元

部　门	月初固定资产原值	月折旧率	折旧额	备注
车间机器设备	400 000.00	1.2%		
车间房屋	400 000.00	0.5%		
行政管理房屋	200 000.00	0.5%		
合　计	1 000 000.00			

制表:周颖　　审核:陆小红

表 10-42

制造费用分配表

编制单位:广州市佳旺有限公司　　202×年 01 月 31 日

应借账户	分配标准（生产工时）	分配率	应分配金额	备　注
生产成本——A 产品	2 200			在贷账户:制造费用
生产成本——B 产品	1 280			
合　计	3 480			

制表:周颖　　审核:陆小红

表 10-43

完工产品成本汇总计算表

编制单位:广州市佳旺有限公司　　202×年 01 月 31 日

成本项目	A 产品(12 200 台)	B 产品(0 台)	合　计
直接材料	50 000.00		50 000.00
直接人工	50 000.00		50 000.00
制造费用	22 000.00		22 000.00
总成本	122 000.00		122 000.00
单位成本	10.00		—

制表:周颖　　审核:陆小红

表 10-44

产成品入库单

第 1002 号

交库单位:生产车间　　202×年 01 月 31 日　　仓库 01 号

产品名称	质量等级	单位	数量	单位成本	金　额	备注
A 产品	优	台	12 200	10.00	122 000.00	
合　计			12 200		122 000.00	

第二联:记账联

审核:陆小红　　制单:周颖　　验收:

表 10-45

应交城市维护建设税计算表

202×年 01 月 31 日

应贷账户	项　目	计税依据(流转税额)	适应税率	应纳税额	应借记账户
应交税费	城市维护建设税				税金及附加
应交税费	教育费附加				
合　计					

第二联：记账联

审核：陆小红　　　　制单：周颖

表 10-46

银行借款利息预计表

202×年 01 月 31 日

贷款银行	借款种类	计算基数*	月利率	本月应计利息	备注
建行天河支行	短期借款	100 000.00	0.5%	500.00	
	长期借款	200 000.00	0.6%	1 200.00	
合　计				1 700.00	

第二联：记账联

审核：陆小红　　　　制单：周颖

表 10-47

利润计算表

202×年 01 月 31 日　　　　单位：元

费用(含损失)账户	借方发生费用	收入(含利得)账户	贷方发生额
合　计		合　计	

审核：陆小红　　　　制单：周颖

表 10-48

应交所得税计算表

202×年 01 月 31 日　　单位:元

贷方账户	项目	计税依据	税率	税额	借方账户	备　注
应交税费	应交所得税				所得税费用	注:同时应将所得税费用转入"本年利润"账户
合　计						

审核:陆小红　　制单:周颖

所需资料:

1. 编制通用记账凭证。(共 40 张)

2. 按月或半月编制科目汇总表(见表 10-49)。

3. 登记日记账(2 页)、明细账(管理费用、财务费用、生产成本、原材料、库存商品、应收账款)和总账(45 页)。

4. 编制报表。见所附资产负债表(见表 10-50)和利润表(见表 10-51)。

表 10-49

科目汇总表

编号:

编制单位:　　年　月　日　　单位:元

科目名称	期初余额		本期发生额		期末余额	
	借方	贷方	借方	贷方	借方	贷方

表 10-50

资产负债表

会企 01

编制单位：　　　　　　　　　　年　月　日　　　　　　　　　　单位：元

资　　产	期末余额	年初余额	负债和所有者权益	期末余额	年初余额
流动资产：			流动负债：		
货币资金			短期借款		
以公允价值计量且其变动计入当期损益的金融资产			以公允价值计量且其变动计入当期损益的金融负债		
应收票据			应付票据		
应收账款			应付账款		
预付款项			预收款项		
其他应收款			应付职工薪酬		
存货			应交税费		
一年内到期的非流动资产			其他应付款		
其他流动资产			一年内到期的非流动负债		
流动资产合计			其他流动负债		
非流动资产：			流动负债合计		
长期应收款			非流动负债：		
固定资产			长期借款		
在建工程			应付债券		
无形资产			长期应付款		
长期待摊费用			其他非流动负债		
非流动资产合计			非流动负债合计		
			负债合计		
			所有者权益：		
			实收资本		
			资本公积		
			其他综合收益		
			盈余公积		
			未分配利润		
			所有者权益合计		
资产合计			负债所有者权益合计		

表 10-51

利　润　表

会企 02

编制单位：　　　　　　　　　　　　年　月　　　　　　　　　　　　单位:元

项　　目	本期金额	上期金额
一、营业收入		
减:营业成本		
税金及附加		
销售费用		
管理费用		
研发费用		
财务费用		
其中:利息费用		
利息收入		
加:其他收益		
投资收益		
公允价值变动损益		
资产减值损失		
资产处置损益		
二、营业利润		
加:营业外收入		
减:营业外支出		
三、利润总额		
减:所得税费用		
四、净利润		
五、其他综合收益的税后净额		
六、综合收益总额		
七、每股收益		